Schriften des Vereins für Socialpolitik
Gesellschaft für Wirtschafts- und Sozialwissenschaften
Neue Folge Band 169

SCHRIFTEN DES VEREINS FÜR SOCIALPOLITIK
Gesellschafts für Wirtschafts- und Sozialwissenschaften
Neue Folge Band 169

Beiträge zur Innovationspolitik

Duncker & Humblot · Berlin

Beiträge zur Innovationspolitik

Von

Erhard Kantzenbach, Peter Oberender,
Hans-Rudolf Peters, Hellmuth Stefan Seidenfus

Herausgegeben von Josua Werner

Duncker & Humblot · Berlin

CIP-Kurztitelaufnahme der Deutschen Bibliothek

Beiträge zur Innovationspolitik / von
Erhard Kantzenbach... Hrsg. von Josua Werner. —
Berlin : Duncker u. Humblot, 1987.
 (Schriften des Vereins für Socialpolitik,
 Gesellschaft für Wirtschafts- und
 Sozialwissenschaften ; N.F., Bd. 169)
 ISBN 3-428-06288-4

NE: Kantzenbach, Erhard [Mitverf.]; Werner,
Josua [Hrsg.]; Gesellschaft für
Wirtschafts- und Sozialwissenschaften; Schriften
des Vereins...

Alle Rechte, auch die des auszugsweisen Nachdrucks, der fotomechanischen
Wiedergabe und der Übersetzung, für sämtliche Beiträge vorbehalten
© 1987 Duncker & Humblot GmbH, Berlin 41
Satz: Hagedornsatz, Berlin 46
Druck: Berliner Buchdruckerei Union GmbH, Berlin 61
Printed in Germany
ISBN 3-428-06288-4

Vorwort

Erblickt man mit Hayek die herausragende Eigenschaft der Marktwirtschaft in ihrer Fähigkeit, laufend neue Problemlösungen zu entdecken und sich dadurch immer wieder an veränderte Bedingungen anzupassen, so erscheinen Versuche, die Ergebnisse des Marktprozesses durch staatliche Eingriffe zu verbessern als eine „Anmaßung von Wissen". Geht man jedoch von der Ansicht aus, daß die Marktwirtschaft trotz unbestreitbarer Vorzüge gewisse Unvollkommenheiten in ihrer Funktionsweise erkennen läßt — diese auf europäischem Boden entwickelte These ist übrigens viel älter als die aus den USA herübergekommene These vom Marktversagen —, dann erscheint auch die staatliche Förderung von Innovationen in einem etwas anderen, d. h. positiveren Licht.

Der Wirtschaftspolitische Ausschuß, der im März 1985 in Hamburg tagte, hat sich vor allem vor dem oben aufgezeigten ordnungspolitischen Hintergrund mit Fragen der Innovationspolitik befaßt. Die im vorliegenden Band enthaltenen Tagungsbeiträge lassen erkennen, daß von Ausschußmitgliedern, wenn auch mit Abstufungen, sowohl die Hayeksche als auch die staatlichen Interventionen zuneigende Position vertreten wurde. Da die am Beispiel der Innovationspolitik sich entzündende Grundsatzdiskussion auf allgemeines Interesse stoßen dürfte, werden die Tagungsbeiträge einer weiteren Öffentlichkeit zugänglich gemacht.

Der Herausgeber

Inhalt

Marktwirtschaft und Innovation – Grenzen und Möglichkeiten staatlicher Innovationsförderung
Von *Peter Oberender*, Bayreuth 9

Marktwirtschaft und Innovation – Grenzen und Möglichkeiten staatlicher Innovationsförderung (Korreferat)
Von *Erhard Kantzenbach*, Hamburg 27

Selektive Innovationspolitik im Rahmen sektoraler Strukturpolitik
Von *Hans-Rudolf Peters*, Oldenburg 37

Förderung der Bildung von Risikokapital vs. selektiver Innovationsförderung
Von *Hellmuth Stefan Seidenfus*, Münster 69

Marktwirtschaft und Innovation
Grenzen und Möglichkeiten staatlicher Innovationsförderung*

Von *Peter Oberender*, Bayreuth

I. Einführung und Problemstellung

1. Der Begriff Innovation hat für viele Zeitgenossen den Charakter eines Zauberwortes: Es wird zur Lösung der vielfältigsten Probleme vorgeschlagen. In diesem Zusammenhang wird seit einigen Jahren immer wieder eine staatliche Innovationsförderung gefordert, weil man der Auffassung ist, daß in der Bundesrepublik Deutschland eine Innovationsschwäche respektive ein Innovationsdefizit besteht. Meist wird dies mit einem Marktversagen begründet:[1] Man spricht von einer Innovationsschwäche, die der marktwirtschaftlichen Ordnung inhärent sei. Vor allem wird darauf hingewiesen, daß externe Effekte eine optimale Allokation der Ressourcen im Marktprozeß vereiteln, weil sowohl bestimmte gesamtwirtschaftliche Kosten nicht in der unternehmerischen Investitionsrechnung berücksichtigt werden (Umweltbelastungen) als auch positive externe Effekte nicht über den Markt honoriert werden. So sei es möglich, daß beispielsweise umweltfreundliche Innovationen unterbleiben, weil sie vom Markt nicht adäquat vergütet werden. Ferner wird als Begründung der Forderung nach einer Innovationsförderung die Kurzsichtigkeit des Marktes angeführt; die Ungewißheit über den Erfolg eines Projektes sei um so größer, je weiter die Erträge dieser Investition in der Zukunft liegen. Wegen fehlender Risikobereitschaft oder auch zu geringer finanzieller Mittel würden daher gerade solche Innovationen nicht getätigt werden, die unter gesamtwirtschaftlichem Aspekt gerade erforderlich seien.[2]

---

* Den Teilnehmern der Sitzung des wirtschaftspolitischen Ausschusses im Verein für Socialpolitik am 21. und 22. März 1985 in Hamburg sei für Anregungen gedankt.

[1] Eine Übersicht der verschiedenen Argumente gibt *Littmann*. Vgl. K. *Littmann*, Die Chancen staatlicher Innovationslenkung, Göttingen 1975, S. 50 ff. Kritisch zum Marktversagen: Vgl. J. B. *Donges*, Marktversagen und Staatsversagen, Zeitschrift für Wirtschaftspolitik, 34. Jg. (1985), S. 121 ff.; C. *Watrin*, „Marktversagen" versus „Staatsversagen". Zur Rolle von Markt und Staat in einer freien Gesellschaft. Zürich 1986. A. *Woll*, Zur Lehre vom Marktversagen, in: M. *Borchert*, U. *Fehl*, P. *Oberender* (Hrsg.), Markt und Wettbewerb, Festschrift für Ernst Heuß zum 65. Geburtstag, Bern und Stuttgart 1987, S. 449 ff. E. *Tuchtfeldt*, Innovationen in der Marktwirtschaft. Kritische Anmerkungen zur Innovationsrisikogarantie. Wirtschaftspolitische Mitteilungen, 41. Jg., Heft 7/8 (Juli/August 1985), S. 1 ff.

Als weiteres Argument für eine staatliche Innovationsförderung wird vorgebracht, daß dadurch die internationale Wettbewerbsfähigkeit der deutschen Volkswirtschaft hergestellt, erhalten und vergrößert wird.

2. Wegen des hohen ökonomischen, gesellschaftlichen und politischen Stellenwerts der Innovation sowie der staatlichen Innovationsförderung und der sich in diesem Zusammenhang ergebenden Probleme werden im folgenden die Grenzen und die Möglichkeiten staatlicher Innovationsförderung in einer Marktwirtschaft untersucht. Im Mittelpunkt der Betrachtung stehen dabei die Fragen:

— Welche Rolle spielt die Innovation im evolutorischen Marktprozeß? Wie wirkt sie mit den beiden anderen marktlichen Triebkräften — Arbitrage und Akkumulation — zusammen?
— Wovon hängt die unternehmerische Innovationsaktivität im Marktsystem ab?
— Welche Grenzen und Möglichkeiten staatlicher Innovationsförderung bestehen in einer Marktwirtschaft? Wie sollte der Staat Innovationen fördern? Welche allgemeinen Bedingungen sind für Innovationen als Evolutionskraft des Marktsystems günstig?

II. Die marktlichen Triebkräfte: Arbitrage, Akkumulation und Innovation[3]

3. Im Marktprozeß wird auf die permanente Existenz wettbewerblicher Vor- und Nachstöße abgestellt. Auf diese Weise bringen Marktprozesse ständig

---

[2] „In Wirtschaftsbereichen, wo es die privaten Unternehmungen unterlassen, bedarfsträchtige Innovationen zu unternehmen, kann es der Staat nicht unterlassen, Innovationsförderung zum Zwecke der Bedarfsdeckung zu unternehmen." G. *Mensch*, Gemischtwirtschaftliche Innovationspraxis — Alternative Organisationsformen der staatlichen Forschungs- und Technologiepolitik, Kommission für wirtschaftlichen und sozialen Wandel, Bd. 132, Göttingen 1976, S. 45; vgl. auch W. *Meißner*, Innovationslenkung, Frankfurt/M. 1974, S. 15; V. *Hauff*/F. W. *Scharpf*, Modernisierung der Volkswirtschaft, Technologiepolitik als Strukturpolitik, Köln 1975, S. 48 ff.
Kritisch zur staatlichen Forschungsförderung: Vgl. R. *Clapham*, Wettbewerbsprobleme der staatlichen Förderung industrieller Forschung und Entwicklung, Wirtschaftspolitische Chronik, Heft 3, 1972, S. 55 ff.; W. *Hamm*, Freiheitsbeschränkung durch staatliche Struktur- und Forschungspolitik, ORDO, Bd. 30 (1979), S. 423 ff.; O. *Issing*, Innovationsförderung und Ordnungspolitik, List Forum, Bd. 10 (1979), S. 33 ff.; C.-H. *Duisberg*, Forschungssubventionen an Großunternehmen. Wettbewerbs- und verfassungsrechtliche Probleme der Vergabepraxis, Bielefeld 1983; M. E. *Streit*, Innovationspolitik zwischen Unwissenheit und Anmaßung von Wissen, Hamburger Jahrbuch für Wirtschafts- und Gesellschaftpolitik, 29. Jahr (1984), S. 35 ff.; o.V., Zu lange gezögert, Wirtschaftswoche, 38. Jg., Nr. 33 (10. 8. 1984), S. 18 ff.

[3] Ausführlich hierzu vgl. U. *Fehl*, Wettbewerbsprozesse in walrasianischer Perspektive. Gedanken zum Gleichgewicht und zur Evolution im Rahmen des Gesamtmarktsystems unter besonderer Berücksichtigung des Oligopolproblems. Unveröffentliche Habilitationsschrift, Marburg 1980; ders., Die Theorie dissipativer Strukturen als Ansatzpunkt für die Analyse von Innovationsproblemen in alternativen Wirtschaftsordnungen, in: A.

weitere Wettbewerbsmöglichkeiten hervor. Der reale Marktprozeß läßt sich dabei gedanklich in die drei Triebkräfte Arbitrage, Akkumulation und Innovation zerlegen. Wenngleich realiter diese Kräfte als Einheit auftreten — sie stehen in einem wechselseitigen dialektischen Verhältnis zueinander —, so liefert eine gedankliche Trennung wichtige Einsichten in den marktprozessualen Ablauf.

4. Die *Arbitrage* ist auf die Entdeckung und das Ausnützen von Differenzen und Lücken in der Koordination der Wirtschaftspläne ausgerichtet. Es geht hierbei darum, die in jeder Wirtschaftsordnung herrschende Heterogenität sichtbar zu machen. Die Arbitrage drängt nun ihrerseits zur *Akkumulation,* d. h. zur Vermehrung bestimmter Güter des betrachteten Marktsystems, wodurch es zu einer Nivellierung und Sättigung kommt. Auf diese Weise führen beide Triebkräfte langfristig den Marktprozeß zu einem stationären Gleichgewichtszustand: Die Unterschiede in Form von Überschüssen werden durch diese Nivellierung beseitigt, dadurch entsteht eine „Ordnung ohne Entwicklung". Arbitrage und Akkumulation sind damit die Kräfte im Marktprozeß, die zum Gleichgewicht hindrängen.

5. Es träte nun ein Gleichgewichtszustand ein, verfügten die am Prozeß beteiligten Menschen nicht über unterschiedliche Fähigkeiten und Erfahrungen sowie Erwartungen, was sich in unterschiedlichen individuellen Anspruchsniveaus und Vorstellungen von der Zukunft ausdrückt. Es muß deshalb davon ausgegangen werden, daß sich während dieses Anpassungsprozesses die Anspruchsniveaus einiger Teilnehmer des Marktgeschehens nicht realisieren lassen. Dadurch werden Suchprozesse ausgelöst, um das beabsichtigte Anspruchsniveau zu erlangen. Dabei kommt es nun zu *Neuerungen* (neue Produkte sowie Verbesserungen aller Art), wodurch sich wiederum neue Differenzierungen herausbilden und somit eine Tendenz weg vom Gleichgewicht hin zu einem Ungleichgewicht erzeugt wird. Damit stellt die Innovation diejenige Kraft dar, die durch die Schaffung von Unterschieden vom Gleichgewicht wegführt.

Dieser Prozeß zeigt das dialektische Verhältnis dieser Triebkräfte des Marktprozesses: Es sind einerseits Arbitrage und Akkumulation, die zu einem Gleichgewicht hindrängen, die andererseits jedoch — wegen nicht erreichter Anspruchsniveaus — selbst die Innovation als Gegenkraft hervorrufen, die eine neuerliche Differenzierung erzeugt und damit die Möglichkeit zur Realisierung von Leistungsdifferentialen schafft.

6. Weiterhin wird erkennbar, daß die Arbitrage die Akkumulation begünstigt. Zugleich gibt die *Arbitrage* durch die Aufdeckung der verschiedenen Gefälle auch noch an, in welcher *Richtung* sich die Akkumulation lohnt. Als Konsequenz der *Akkumulation* werden nun laufend *Umwertungen* der Kapitalgüterbestände und der Konsumgüterproduktionen notwendig, was neue Arbitrageprozesse hervorruft. Treten nun gleichzeitig außerdem noch Innovationen

---

Schüller, H. Leipold und H. Hamel (Hrsg.), Innovationsprobleme in Ost und West, Stuttgart—New York 1983, S. 65 ff.

auf, so wird der Umwertungsprozeß durch die damit verbundene Kapitalentwertung verstärkt. Infolgedessen werden über die Arbitrage Informationen an die Unternehmer vermittelt, die ihnen anzeigen, wohin es sich lohnt, die Investitionsaktivitäten zu lenken. Somit erfüllt die Arbitrage eine wichtige Informationsfunktion im Marktprozeß. Über die dadurch ausgelöste Akkumulation breitet sich jede Neuerung aus; zugleich aber trägt sie den Keim zu neuen Innovationen in sich. Damit wird die zirkulare Interdependenz zwischen diesen drei Triebkräften sichtbar.

7. Es gilt nun die *Bedingungen* herauszuarbeiten, die zur Aufrechterhaltung des Marktprozesses erforderlich sind. Die bisherige Betrachtung erhellt, daß hierzu alle drei Triebkräfte gleichermaßen notwendig sind: Arbitrage und Akkumulation ohne Innovation würden in ein stationäres Gleichgewicht ohne Entwicklung münden; erst durch die Innovation wird diese Tendenz zum Gleichgewicht immer wieder gestört. Durch Arbitrage und Innovation ohne Akkumulation könnten die entstehenden Unterschiede zwar aufgedeckt, aber nicht ausgeglichen und könnten somit ökonomisch nicht genutzt werden. Schließlich wären Akkumulation und Innovation ohne Arbitrage richtungslos. Dies sagt jedoch noch nichts über das Mischungsverhältnis dieser drei Größen aus. Offenbar ist zur Aufrechterhaltung der Marktdynamik eine Ausgewogenheit, also eine Balance dieser drei Triebkräfte notwendig. Diese *Balance der Kräfte* ergibt sich aus dem Marktprozeß selbst, wenn er frei abläuft, weil sich die Kräfte im freien Spiel des Wettbewerbs wechselseitig anstoßen und zähmen. Somit kann bei Wettbewerbsfreiheit von einer Tendenz zur Balance der Kräfte ausgegangen werden. Es wird sichtbar, daß Marktprozessen sowohl eine Tendenz zum Gleichgewicht als auch eine solche zum Ungleichgewicht immanent sind. Wichtig ist hierbei, daß alle drei Kräfte *gleichzeitig* wirken.

8. Die genannten Triebkräfte fallen nun nicht „vom Himmel", sondern sie sind vielmehr *Ausdruck und Ergebnis menschlichen Handelns* — letztlich stehen Unternehmer dahinter. Zwar ist anzunehmen, daß jeder Unternehmer Elemente aller drei Kräfte besitzt, jedoch werden die verschiedenen Unternehmer in unterschiedlichem Maße eine dieser marktlichen Triebkräfte aktivieren. So wird hinter der Innovation ein Schumpeterscher Pionierunternehmer stehen; während die Arbitrage dem „findigen" von Misesschen Unternehmer zuzuordnen ist. Anders gewendet heißt dies, der Pionierunternehmer treibt die evolutorischen Ungleichgewichtskräfte an, der von Misessche Unternehmer dient den Gleichgewichtskräften. Es ist schwierig, einen eigenen Unternehmertyp für die Akkumulation zu bestimmen, weil sie sowohl für „Arbitrageure" als auch für „Neuerer" kennzeichnend ist.

9. Gleichgewichts- und Ungleichgewichtstendenzen werden sich nur dann die Waage halten, wenn eine Balance zwischen Gleichgewichtskräften (Arbitrage und Akkumulation) und Ungleichgewichtskraft (Innovation) und die ihnen entsprechende Ausgewogenheit der Unternehmertypen vorliegt. Aus der Balance der marktlichen Triebkräfte ergibt sich die Notwendigkeit einer ausgewoge-

nen Mischung im Nebeneinander der verschiedenen Unternehmertypen. Hier bietet sich an, die von Heuß für den einzelnen Markt eingeführte Unternehmertypologie (Pionierunternehmer, spontan-imitierende, unter Druck reagierende und immobile Unternehmer)[4] auf die gesamte Volkswirtschaft zu übertragen.

III. Determinanten unternehmerischer Innovationsaktivität im Marktsystem

10. Nachdem das allgemeine Muster (im Sinne von Hayeks) des Marktprozesses, in dem die Innovation eingebettet ist, dargelegt wurde, gilt es nun, die Determinanten der Innovationsaktivität aufzudecken. Damit werden die Grundlagen zur Beantwortung der Frage nach den Grenzen und den Möglichkeiten staatlicher Innovationsförderung weiter vervollständigt.

Aufgrund der Studien von Schmookler, Scherer, Kaufer u. a.[5] kann davon ausgegangen werden, daß Innovationen wesentlich von allgemeinen Anreizen zur unternehmerischen Betätigung abhängen. Dabei ist weniger der wissenschaftliche Fortschritt von Bedeutung, sondern vielmehr besitzt für die Innovationsdynamik, d. h. für die ökonomische Anwendung (Nutzbarmachung), der jeweilige Zeitgeist eine große Bedeutung, inwieweit vor allem neben ökonomischen Anreizen auch ein gesellschaftspolitisch günstiges Klima für derartige unternehmerische Vorstöße besteht. Hierbei spielt auch das Ausmaß der *Leistungsbereitschaft* im Sinne von McClelland eine wichtige Rolle.[6]

Bei den Determinanten der Innovationsaktivität der Unternehmer soll zunächst auf die Innovationsfähigkeit und Innovationswilligkeit (Bereitschaft) abgestellt werden.

11. Unter *Innovationsfähigkeit* werden die materiellen Voraussetzungen i. w. S. verstanden. Die Fähigkeiten eines Unternehmens, die Neuerung als Aktionsparameter einzusetzen, hängt ab von den finanziellen Ressourcen, dem technischen Spielraum des betreffenden Unternehmens und den marktprozessualen Gegebenheiten. Da jede Unternehmung eine historisch gewachsene Einheit

---

[4] Vgl. E. *Heuß*, Allgemeine Markttheorie, Tübingen—Zürich 1965, S. 6ff.

[5] Vgl. J. *Schmookler*, Invention and Economic Growth, Cambridge (Mass.) 1966; E. *Kaufer*, Die Ökonomie von Forschung und Entwicklung, in: E. J. Mestmäcker (Hrsg.), Wettbewerb als Aufgabe nach 10 Jahren Gesetz gegen Wettbewerbsbeschränkungen, Bad Homburg v.d.H. 1968, S. 400ff.; E. *Kaufer*, Patente, Wettbewerb und Technischer Fortschritt, Bad Homburg v.d.H. 1970; F. M. *Scherer*, Industrial Market Structure and Economic Performance, 2. Aufl., Chicago 1980; P. *Oberender*, Industrielle Forschung und Entwicklung. Eine theoretische und empirische Analyse bei oligopolistischen Marktprozessen, Bern—Stuttgart 1973, S. 42ff.; E. *Kaufer*, Industrieökonomik, München 1980, S. 147ff.; vgl. vor allem auch die grundlegende Arbeit von *Röpke*. J. *Röpke*, Die Strategie der Innovation, Tübingen 1977.

[6] Vgl. D. C. *McClelland*, The Achieving Society, Toronto—New York—London 1961; vgl. auch E. *Dürr*, Wachstumspolitik, Bern—Stuttgart 1977, S. 104ff.

darstellt, spiegelt sich in ihrer Neuerungs*fähigkeit* auch die Neuerungs*willigkeit* früherer Perioden wider. Um Innovationen zu realisieren, benötigt ein Unternehmen je nach Art der Neuerung unterschiedliche finanzielle Mittel für Anlagen und für qualifizierte Arbeitskräfte.

Die Innovationsfähigkeit hängt in zweifacher Weise vom technischen Potential der jeweiligen Branche ab, und zwar einmal davon, was überhaupt noch zu innovieren ist, sowie zum anderen von der Höhe der dafür erforderlichen Mittel. So konnte beispielsweise in den Industrien, die ihre Blüte im vorigen Jahrhundert hatten, mit relativ geringen finanziellen Mitteln eine Innovation eingeführt werden. Die finanziellen Anforderungen für Innovationen in der chemischen und wahrscheinlich inzwischen auch in der elektrotechnischen Industrie sind in der Regel um etliches höher als beispielsweise jene in der mechanischen Industrie. Allerdings erreichen sie gewöhnlich nicht einen solchen Umfang, daß nur noch große Unternehmen in der Lage wären, Innovationen durchzuführen.

Den Innovationsprozeß in einer Industrie hat man sich als einen sequentiellen Prozeß kleiner Schritte vorzustellen. Aufgrund empirischer Untersuchungen weiß man, daß sich die Kosten der Innovationsprojekte in einer Branche j-förmig verteilen, d.h. die meisten Vorhaben bedürfen nur eines relativ geringen finanziellen Aufwandes, während einige sehr teuer sind.[7] Allerdings sagt dies noch nichts über die ökonomische Bedeutung einer Innovation aus. Oft erweisen sich sehr billige Innovationen ökonomisch als sehr erfolgreich, während andererseits sehr teure Innovationen eher einen sehr bescheidenen ökonomischen Erfolg beinhalten.

12. Innovationen weisen unterschiedliche *Erfolgswahrscheinlichkeiten*[8] auf; allerdings sind die meisten Innovationsprojekte vom technischen Standpunkt aus relativ sicher[9]. Wie empirische Untersuchungen zeigen, besteht weder bei der inventiven noch bei der innovativen Aktivität eine Dominanz von Großunternehmen, im Gegenteil: Sehr oft sind Unternehmen dieser Größenklasse hierbei unterrepräsentiert.[10] Insgesamt läßt sich feststellen, daß es *keine* optimale Firmengröße für die Innovationsaktivität gibt, vielmehr ist auch

---

[7] Vgl. E. *Kaufer*, Technischer Fortschritt in der Marktwirtschaft — Eine forschungs- und wettbewerbstheoretische Kritik staatlicher Forschungs- und Technologiepolitik, in: E. Kaufer, H. Hinz und E. Hoppmann, Innovationspolitik und Wirtschaftsordnung, Köln u.a 1979, S. 7.

[8] Die Erfolgswahrscheinlichkeit einer Innovation setzt sich aus den drei Komponenten der Wahrscheinlichkeit des technologischen Erfolgs, der Marktziele und des Markterfolges zusammen. Vgl. E. *Mansfield*/S. *Wagner*, Organizational and Strategic Factors Associated with Probabilities of Success in Industrial R & D, Journal of Business, Vol. 48 (1975), S. 179ff.

[9] Vgl. E. *Mansfield*, Industrial Research and Development Characteristics, Costs and Defusion of Results, AER P. P., 59 (1969), S. 65.

[10] Vgl. hierzu die Erörterungen in: P. *Oberender*, Industrielle Forschung und Entwicklung, a.a.O., S. 131 ff.

hierbei eine Ausgewogenheit der verschiedenen Unternehmensgrößen förderlich.[11]

13. Aufgrund empirischer Studien von Schmookler kann davon ausgegangen werden, daß Innovationen hauptsächlich aufgrund eines Nachfragesogs (demand-pull-Effekt) getätigt werden. Er wies nach, daß eine Industrie im Vergleich zu einer anderen eine größere Erfindungs- und Neuerungsaktivität aufweist, weil sie schneller wächst.[12] Es hängt somit von der *Nachfrage* ab, in welche *Richtung* die innovative Aktivität eines Unternehmens gelenkt wird. Da somit die *Nachfrage* bestimmt, *was* innoviert wird, und es sich auf der Angebotsseite entscheidet, *welche* Branche diese Innovation hervorbringt,[13] so folgt daraus, daß die finanziellen Erlöse und damit die Ressourcen von der ökonomischen Verwertbarkeit der Ergebnisse der innovativen Aktivität abhängen, was u.a. von der Marktnachfrage und von den marktprozessualen Bedingungen mitbestimmt wird. Somit besteht eine Interdependenz von Industriezweig und finanziellen Ressourcen. Dadurch wird der Umfang der innovatorischen Aktivität durch das Wachstum einer Industrie bestimmt, wobei allerdings auch umgekehrt positive Einflüsse auf das Wachstum einer Industrie von der Innovationsaktivität der Unternehmen ausgehen. In diesem Zusammenhang ist instruktiv, daß etwa vier Fünftel aller Innovationen auf der Entdeckung einer bestimmten Nachfrage beruhten („Nachfragesog"). Lediglich bei einem Fünftel der Fälle war die „Erkenntnis einer technischen Möglichkeit" für die Innovation maßgebend („Wissensdruck").[14]

14. Verschiedene Autoren vermitteln den Eindruck, daß es bei der Innovationsdynamik lediglich auf die Innovations*fähigkeit* ankomme, also die Einführung einer Neuerung lediglich von den finanziellen Ressourcen abhänge.[15] Die Innovationsfähigkeit ist zwar notwendige, aber noch keine hinreichende Bedingung für eine unternehmerische Neuerungsaktivität. Als qualitatives Moment muß die *Innovationswilligkeit* hinzutreten. Zwischen beiden Größen besteht eine komplementäre Beziehung. Ferner liegt eine Rückkoppelung zwischen der Neuerungsbereitschaft und der Möglichkeit vor, die Ergebnisse der Innovation ökonomisch zu verwerten, also einen individuellen ökonomischen Nutzen daraus zu ziehen. Die Innovationsbereitschaft hängt somit

---

[11] Vgl. E. *Kaufer*, Technischer Wandel in der Marktwirtschaft..., a.a.O., S. 7.
[12] Vgl. J. *Schmookler*, Invention and Economic Growth, a.a.O., S. 209ff.
[13] Vgl. J. *Schmookler*, Invention and Economic Growth, a.a.O., S. 109f.
[14] Vgl. E. *Kaufer*, Technischer Fortschritt in der Marktwirtschaft — Eine forschungs- und wettbewerbstheoretische Kritik staatlicher Forschungs- und Technologiepolitik, a.a.O., S. 5.
[15] Vgl. z.B. J. K. *Galbraith*, American Capitalism: The Concept of Countervailing Power, Boston 1952. Vgl. die Aussagen von E. *Salin*, in: E. Salin, J. Stohler mit Pawlowsky (Hrsg.), Notwendigkeit und Gefahr der wirtschaftlichen Konzentration in nationaler und internationaler Sicht, Basel—Tübingen 1968. Vgl. Prognos AG (Hrsg.), Unternehmensgröße und internationale Wettbewerbsfähigkeit, Basel 1968.

wesentlich von den marktprozessualen Bedingungen ab; sie wird stimuliert durch einen Druck seitens des Marktes, wenn dieser einen bestimmten Schwellenwert der Fühlbarkeit übersteigt. Allerdings darf dieser Druck nicht so stark werden, daß darunter jegliche ökonomische Aktivität erstickt (Gleichartigkeit). Aber dieser Druck allein genügt noch nicht, vielmehr ist es notwendig, daß bei den Betroffenen auch ein ganz bestimmtes Verhaltensmuster ausgelöst wird, nämlich auf gewisse Marktvorgänge mit dem Aktionsparameter Innovation zu reagieren. Dies setzt z.T. wiederum die Erfahrung voraus, daß eine Innovation ein adäquates Mittel darstellt, um einer solchen Art von Druck erfolgreich zu begegnen.

15. Für die Stimulierung der Innovationsaktivität spielt ferner das *Erlösprofil*, d.h. der im Laufe der Marktentwicklung zu erwartende Erlös der Innovation, eine wichtige Rolle.[16] Wird erwartet, daß die Innovationskosten nicht oder nur teilweise gedeckt werden, so wirkt sich dies wahrscheinlich hemmend auf die Innovationswilligkeit aus. Inwieweit das Erlösprofil, das wiederum lediglich eine Erwartungsgröße darstellt, die Innovationsbereitschaft fördert oder hemmt, hängt wesentlich auch vom jeweiligen Typus dessen ab, der die Innovationsentscheidung zu treffen hat. Es kommt somit auf die Persönlichkeitsstruktur dessen an, der im Unternehmen zu entscheiden hat, also auf den Unternehmertyp.

16. Eine wichtige Rolle für die Innovationsaktivität nimmt das *Gewinnpotential* ein, das wesentlich vom Risiko der Innovation bestimmt wird. Hierbei muß ein Unternehmen auf Veränderungen der Marktsituation sehr flexibel reagieren können. Dies setzt voraus, daß etwa die Handlungsrechte des Faktors Arbeit nicht durch arbeits- und sozialrechtliche Vorschriften (z.B. Sozialpläne) verdünnt sind. Ferner darf das Risiko eines zu schnellen Nachstoßes (Triebkraft Akkumulation) nicht zu groß sein, vielmehr muß aufgrund einer gewissen Intransparenz auf der Marktnebenseite eine zeitliche Verzögerung zwischen Vorstoß (Innovation) und Nachziehen (Imitation) bestehen.

17. Letztlich sind mithin für die Innovationsaktivität eines Unternehmens seine Fähigkeit und seine Bereitschaft entscheidend, Nachfrage- und Gewinnpotentiale zu entdecken und zu stimulieren. Dieses *Nachfragepotential* hängt dabei entscheidend ab vom Marktpotential (z.B. Marktgröße), vom Unternehmenspotential, inwieweit das betreffende Unternehmen in der Lage ist, in einer bestimmten Zeit dieses Potential zu realisieren, und von den marktprozessualen Gegebenheiten.

18. Als Ergebnis hinsichtlich der *Determinanten unternehmerischer Innovationsaktivität* kann somit festgehalten werden, daß für Pionierunternehmer möglichst große Anreize mit einem entsprechend großen Handlungsspielraum bestehen müssen, vorhandenes technologisches Wissen via Innovationen öko-

---

[16] Ausführlich hierzu vgl. P. *Oberender*, Industrielle Forschung und Entwicklung, a.a.O., S. 47ff.

Marktwirtschaft und Innovation 17

nomisch nutzbar zu machen. Hierzu bedarf es eines innovationsfreundlichen Klimas und — was eng damit zusammenhängt — bestimmter gesetzlicher und institutioneller Rahmenbedingungen.

IV. Grenzen und Möglichkeiten staatlicher Innovationsförderung

19. Aus den bisherigen Überlegungen ergeben sich nun bestimmte Konsequenzen für eine staatliche Innovationsförderung. Zunächst werden im folgenden die Grenzen und daran anschließend die Möglichkeiten einer solchen Förderung aufgezeigt.

1. Grenzen staatlicher Innovationsförderung

20. Eine zentrale Rolle als Determinante der unternehmerischen Innovationsaktivität fällt dem Nachfragepotential (Gewinnpotential) zu. Betreibt der Staat nun eine induzierende Innovationspolitik[17] — sei es in Form einer direkten oder einer indirekten Innovationsförderung —, so steckt darin stillschweigend die Annahme zu wissen, welche technische Entwicklung (Innovation) für die Schaffung von Nachfragepotentialen relevant ist. Da der Staat aber aufgrund der Komplexität der Realität überhaupt nicht wissen kann, was die Verbraucher demnächst nachfragen, stellt dies eine Anmaßung von Wissen (von Hayek) dar.[18] Dem Wettbewerb fällt die Aufgabe zu, diese Nachfragepotentiale und die sich daraus ergebenden Gewinngelegenheiten zu entdecken und zu stimulieren. Solange der Staat als definitiver Nachfrager von Produkten auftritt, in denen neues technisches Wissen inkorporiert ist, schafft er solche Nachfragepotentiale selbst und damit auch die notwendigen Gewinngelegenheiten für Unternehmer. Beispielsweise geschieht dies im Rüstungsbereich, wenn ein bestimmtes Produkt von der öffentlichen Hand nachgefragt wird, ohne daß zugleich der Prozeß zur Herstellung des betreffenden Produktes vorgeschrieben wird.

Für private Unternehmen besteht nun die Möglichkeit, dieses Nachfragepotential des Staates entdecken und realisieren.[19] Es muß einer demokratischen

---

[17] Vgl. zu dieser Unterscheidung M. E. *Streit*, Innovationspolitik zwischen Unwissenheit und Anmaßung von Wissen, a.a.O., S. 35ff.

[18] Dies ist eine ähnliche Situation — allerdings mit umgekehrten Vorzeichen — wie sie zwischen Arzt und Patient aufgrund des Sachleistungsprinzips gegenwärtig im Gesundheitswesen vorliegt: Der Arzt weiß, was der Patient braucht und produziert Kosten, bezahlt aber nicht dafür; im vorliegenden Fall verhält es sich umgekehrt, der Staat weiß nicht, was der Nachfrager braucht und produziert meistenteils überflüssigen technischen Fortschritt.

[19] Tritt die öffentliche Hand nicht als Nachfrager, sondern zugleich auch als Produzent von Innovationen auf, so kommt es häufig zu Flops, weil die unmittelbare Marktkontrolle fehlt. Ein Beispiel hierfür ist die Entwicklung des Überschallflugzeuges „Concorde". Vgl. H. *Berg*, Das Überschallflugzeug „Concorde": Ein Beispiel staatlicher Technologiepolitik

Regierung allerdings freistehen, aufgrund einer politischen Entscheidung z. B. aus Gründen der äußeren Sicherheit eine bestimmte Forschung zu fördern (z. B. Raumfahrt). Hierbei sollte aus wettbewerblichen Gründen der Gesamtkomplex in möglichst kleine Einzelprojekte aufgeteilt und ausgeschrieben werden. Dem jeweils leistungsfähigsten Unternehmen, das nicht das billigste Unternehmen sein muß, sollte dann der Auftrag erteilt werden. Aus verwaltungstechnischen Gründen wird dies jedoch nicht getan, sondern vielmehr erhalten meist Großunternehmen den Zuschlag.[20] Eine solche Bevorzugung von Großunternehmen stellt eine Diskriminierung mittlerer und kleinerer Unternehmen dar und muß deshalb aus grundsätzlichen ordnungspolitischen Gründen entschieden abgelehnt werden. Somit werden die Grenzen einer staatlichen Innovationsförderung erkennbar.

21. Je anwendungsbezogener und spezifischer eine Neuerungsaktivität ist, um so gefährlicher erweist sich eine staatliche Innovationsförderung, weil dadurch meist die Produktions- und Beschäftigungsstrukturen verzerrt werden.[21] Es besteht die Gefahr, daß durch die Förderung bestimmter Innovationen eine Investitionslenkung mit allen damit zusammenhängenden negativen Effekten stattfindet.[22] Mit Hilfe einer staatlichen Innovationsförderung kann, was oft geschieht, eine Politik der Protektion auf leisen Sohlen betrieben werden. Eine solche Politik hat negative Wirkungen auf die dadurch diskriminierten Unternehmen bzw. Branchen im In- und Ausland. Darüber hinaus besteht die Gefahr, daß Ressourcen in Bereiche gelenkt werden, deren Ergebnisse einen Flop darstellen. Damit findet nicht nur eine Verschwendung knapper Mittel statt, sondern zugleich wird die Entstehung und Entwicklung anderer konkurrierender Bereiche wenn nicht gänzlich verhindert, so doch zumindest behindert. Damit werden die Grenzen staatlicher Innovationsförderung markiert.

22. Die *Grenzen* einer Innovationsförderung durch den Staat werden dort erreicht, wo dadurch Störungen der Balance der marktlichen Triebkräfte ausgelöst werden. Dies tritt immer dann ein, wenn — aus welchen Gründen auch immer — die Innovation gegenüber den beiden anderen Triebkräften Arbitrage und Akkumulation ein störendes Übergewicht erhält. Damit stellt sich die Frage nach den Möglichkeiten einer staatlichen Innovationsförderung.

---

und seine Lehren, Volkswirtschaftliche Korrespondenz der Adolf-Weber-Stiftung, 18. Jg. (1979), Nr. 6.

[20] Zu der Erfahrung vgl. H. O. *Lenel,* Forschungssubvention für Großprojekte? Fragwürdige Erfahrungen in der Bundesrepublik, NZZ, Nr. 144/25. Juni 1985.

[21] Vgl. o. V., Wie werden Innovationen gefördert?, Neue Zürcher Zeitung, 6. 7. 1984.

[22] Ausführlich hierzu vgl. O. *Issing,* Investitionslenkung in der Marktwirtschaft, Göttingen 1975. W. *Hamm,* Kollektive Investitionslenkung, in: ORDO, Bd. 27 (1976), S. 134ff.

2. Möglichkeiten staatlicher Innovationsförderung

23. Im folgenden soll nun aufgezeigt werden, wie *Innovationshemmnisse* abgebaut werden können, wie *Innovationswiderstände* reduziert und wie die gesetzlichen und institutionellen *Rahmenbedingungen* zu gestalten sind, damit sich die unternehmerische Innovationsdynamik voll entfalten kann.

2.1. Förderung der Grundlagenforschung

24. Die *Möglichkeiten* einer Innovationsförderung, ohne zu Wettbewerbsverzerrung zu führen, sind um so größer, je grundlegender und je allgemeiner sie geschieht (Grundlagenforschung), d.h. je mehr eine solche Förderung den präkompetitiven Bereich betrifft. Realiter dürfte es schwierig sein, festzustellen, wann eine Innovationsförderung vom vorwettbewerblichen Bereich in den wettbewerblichen hinauswirkt, da es sich bei der FE-Aktivität um ein Kriterium meist einer engen Verwobenheit der einzelnen Bereiche handelt. Trotz dieser Schwierigkeit gibt es gewichtige Argumente, die für eine staatliche Förderung der Grundlagenforschung sprechen. Aus ordnungs- und damit wettbewerbspolitischen Erwägungen sollte hierbei einer indirekten Forschungsförderung gegenüber einer direkten der Vorzug gegeben werden. Eine solche Förderung kann mit Hilfe der *Verbesserung der Infrastruktur* sowie der (Aus-)Bildung geschehen. Ziel der Bildungspolitik muß es sein, eine möglichst breite Ausbildung der Bevölkerung zu vermitteln, um eine hohe Flexibilität der Erwerbstätigen zu erreichen, damit sie sich an Strukturveränderungen möglichst rasch anpassen können.[23] Durch die Förderung der reinen Forschung (Grundlagenforschung) kann eine Unterstützung der unternehmerischen Innovationsaktivität stattfinden. Selbst bei dieser Förderung taucht jedoch das Problem der Bestimmung der Forschungsrichtung auf, allerdings wird es hier abgeschwächt, weil nicht auf einen spezifischen Anwendungszusammenhang hin produziert wird. Wegen der hohen Komplexität sollte aber auch hier keine direkte (Projekt-)Förderung stattfinden, weil es sich dann ebenfalls um eine Anmaßung von Wissen handelt; vielmehr sollten möglichst viele unabhängige Forschungsinstitutionen, die ihre Forschungsziele selbst bestimmen, gefördert werden. Auf diese Weise besteht die Möglichkeit, den unterschiedlichen Auffassungen hinsichtlich Richtung sowie Vorgehensweise Rechung zu tragen.

2.2 Erhöhung der gesellschaftlichen Akzeptanz von Innovationen

25. Bei einem großen Teil der Bevölkerung liegt eine ausgeprägte Technikfeindlichkeit vor. Aus verschiedenen Gründen bestehen mehr oder weniger große Widerstände gegenüber der Einführung von Neuerungen.[24] Sehr oft

---

[23] Ausführlich vgl. E. *Dürr*, Wachstumspolitik, a.a.O., S. 247 ff.
[24] Vgl. K. *Heilmann*, Technikfeindlichkeit und Risikoakzeptanz, Referat anläßlich des Symposiums „Der Pharmamarkt vor dem Umbruch?", am 24./25. 1. 1985 in München. Erscheint demnächst.

entspricht diese Ablehnung einer Angst vor Veränderungen, weil damit nicht nur eine Entwertung vorhandener Fähigkeiten sowie bekannter Produkte und Verfahren verbunden ist, sondern auch eine Ungewißheit hinsichtlich der Risiken der Innovation besteht. Deshalb wird aus Sicherheitsgründen oft am Althergebrachten festgehalten. Damit wird jedoch nicht nur eine Verbesserung des Wohlstands verhindert, sondern darüber hinaus wird sogar die langfristige Sicherung des erreichten Lebensstandards gefährdet, wenn sich dadurch die internationale Wettbewerbsposition verschlechtert.

26. Der Abbau dieser gesellschaftlichen Innovationswiderstände erfordert eine verstärkte objektive *Aufklärung* der Bevölkerung über Innovationen und deren Folgen. Der gegenwärtig oft sehr einseitigen Verteufelung von Neuerungen in den Medien ist energisch entgegenzusteuern.

Zusätzlich können *sozialpolitische Maßnahmen* ergriffen werden, um den Betroffenen zu helfen, mit den Konsequenzen der neuen Entwicklung besser fertig zu werden. Allerdings muß hierbei darauf geachtet werden, daß es zu keiner Strukturkonservierung kommt, sondern dadurch eine Erhöhung der Anpassungsflexibilität und der Innovationsakzeptanz erreicht wird.

2.3. Gesetzliche und institutionelle Rahmenbedingungen

27. Eine wesentliche Voraussetzung für die unternehmerische Innovationsaktivität stellt die *Konstanz der Wirtschaftspolitik* dar; durch eine Stetigkeit und damit Vorhersehbarkeit der Wirtschaftspolitik kann ein investitions- und innovationsfreundliches Klima geschaffen werden. Eng damit verbunden ist, daß der gesellschaftlichen Verketzerung des Unternehmers und des Gewinnstrebens entgegengewirkt werden muß. Dadurch muß eine gesellschaftliche Aufwertung der Unternehmertätigkeit herbeigeführt werden, damit sich unternehmerisch fähige Persönlichkeiten wieder mehr einer Tätigkeit im ökonomischen Bereich zuwenden. Es muß der *Ordnungspolitik* gegenüber einer Ablaufpolitik der Vorzug gegeben werden, indem die politisch Verantwortlichen sich lediglich auf die Schaffung *marktwirtschaftlicher Rahmenbedingungen* beschränken und nicht aus tagespolitischen — oft sehr kurzfristigen — Überlegungen willkürlich in den Marktprozeß intervenieren. Für Innovatoren nimmt dadurch die Sicherheit zu, daß der Staat nur mittelbar über Änderungen der Rahmenbedingungen in den Marktprozeß eingreift.

28. Eine *konsequente Wettbewerbspolitik*, die keine Verringerung des Anpassungsdrucks zuläßt, kann die Innovationswilligkeit entscheidend erhöhen; denn bleibt einem Unternehmen im Fall, daß es am Markt unter Druck gerät, keine andere Möglichkeit als mit einer Innovation darauf zu reagieren, so wird dadurch seine Neuerungsbereitschaft in aller Regel zunehmen. Hierbei erweist es sich als wesentlich, daß für anpassungs- und innovationsschwache Unternehmen durch eine strenge Fusionskontrolle die Strategie des externen Unternehmenswachstums praktisch ausscheidet.[25] Es wäre beispielsweise auch zu überle-

gen — insbesondere solange aufgrund des geltenden Gesellschaftsrechts der Kapitalmarkt seine Kontrollfunktion nur sehr unzureichend erfüllt —, durch ein Per-Se-Verbot Fusionen generell zu untersagen.[26] Weiterhin muß vermieden werden, daß über die Vermögens- und Gewerbekapitalbesteuerung Anreize zum Erwerb von Schachtelbeteiligungen bestehen.[27] Mit Hilfe der Ordnungspolitik müssen adäquate Rahmenbedingungen dafür geschaffen werden, „daß im dezentralen Such- und Entdeckungsverfahren ausreichende Motivation und Innovationsdruck herrschen".[28]

29. Der *Sog der Nachfragepotentiale* läßt sich durch die Schaffung größerer Märkte wesentlich erhöhen. Dies erfordert, durch die Harmonisierung der Rahmenbedingungen — vor allem durch Eliminierung aller tarifären und nichttarifären (auch regionalpolitischer) Handelshemmnissen — die Voraussetzungen für die Entstehung großer Märkte zu schaffen, was nicht nur für nationale Volkswirtschaften und für die Europäische Gemeinschaft gilt, sondern auch für die gesamte Weltwirtschaft. Auf diese Weise lassen sich die Rahmenbedingungen für die unternehmerische Innovationsdynamik nachhaltig verbessern. Hierbei sind die *innovationshemmenden Regulierungen* aufzuheben, wie sie sich aus Sicherheitsvorschriften bei Produktionsanlagen, aus Normvorschriften (z.B. Industrie- und Baunormen), aus dem Verbraucherschutz und aus den wettbewerbspolitischen Ausnahmebereichen (Post, Verkehr, Energie und Gesundheit) ergeben.

30. Beispielsweise wurden im Arzneimittelbereich demgegenüber in den vergangenen Jahren die Zulassungs-, Produktions- und Vertriebsbestimmungen wesentlich verschärft und damit beträchtliche Innovationsbarrieren errichtet.[29]

---

[25] Vgl. J. *Röpke*, Strategie der Innovation, Tübingen 1977, S. 417 ff.

[26] Sollte es gelingen, das Recht der Kapitalgesellschaft in der Weise zu verändern, daß nur noch die Rechtsform der KGaA als Gesellschaftsform zugelassen wird, so kann auf ein solches Verbot verzichtet werden, weil der Kapitalmarkt diese Kontrollfunktion übernimmt. Ausführlich hierzu vgl. B. *Noll*, Wettbewerbs- und ordnungspolitische Probleme der Konzentration: Eine Analyse theoretischer Positionen, Erfahrungen und Gestaltungsmöglichkeiten. Spardorf 1986; vgl. auch U. *Fehl* und P. *Oberender*, Unternehmensverfassung, Kapitalmarktordnung und Wettbewerb. Zum Einfluß gesellschaftlicher Dimensionen der Kapitalmarktordnung auf den Wettbewerbsprozeß, in: H. Leipold und A. Schüller (Hrsg.), Zur Interdependenz von Unternehmens- und Wirtschaftsordnung, Stuttgart—New York 1986, S. 137 ff.

[27] Auf dieses Problem und die zur Lösung notwendigen Maßnahmen geht die Monopolkommission ausführlich ein. Vgl. Monopolkommission, Fortschritte bei der Konzentrationserfassung, Hauptgutachten (IV) 1980/81, Baden-Baden 1982, S. 24 f., S. 208 ff.

[28] O. *Schlecht*, Die Innovationskraft im Spannungsfeld zwischen Markt und Staat, in: A. Schüller, H. Leipold, H. Hamel (Hrsg.), Innovationsprobleme in Ost und West, Schriften zum Vergleich von Wirtschaftsordnungen, Heft 33, Stuttgart 1983, S. 17 ff., hier S. 23.

[29] Ausführlich vgl. W. M. *Wardell* und L. *Lasagna*, Regulation and Drug Development, Washington, D.C. 1975; A. *Murswieck*, Die staatliche Kontrolle der Arzneimittelsicherheit in der Bundesrepublik und den USA, Opladen 1983.

Wesentliches Argument hierfür stellt der Schutz der Patienten vor gefährlichen Medikamenten dar.[30] Dieses Ziel läßt sich aber auch durch eine Verschärfung der Produzentenhaftung und eine begleitende Kontrolle (Monitoring) erreichen; dadurch könnten die innovationshemmenden Wirkungen der bestehenden Regulierungen in diesem Bereich wesentlich vermindert werden. In diesem Zusammenhang muß auch das Zweitanmeldeproblem erwähnt werden. Gegenwärtig wird in der Bundesrepublik diskutiert, wie einerseits aus Kosten- und ethischen Gründen vermieden werden kann, daß ein Nachahmer für die Zulassung eines bereits zugelassenen Fertigarzneimittels alle Tier- und Menschenversuche, die bereits der Innovator vorgenommen hat, wiederholen muß und andererseits die berechtigten Eigentumsinteressen des Innovators adäquat geschützt werden können.[31] Können sich die Nachahmer bei ihrem Nachstoß auf die Forschungsarbeiten des Innovators berufen, ohne daß er eine adäquate Gegenleistung dafür erhält, so wirkt sich dies negativ auf die Innovationsaktivität (Fähigkeit und Bereitschaft) aus.

31. Generell kann man davon ausgehen, daß die Innovationsaktivität begünstigt wird, wenn auf einen Neuerungsvorstoß die Konkurrenten nicht zu rasch reagieren, wenn zwischen Innovation und Akkumulation also ein time-lag besteht. Der *Patentschutz* stellt ein adäquates Instrument dar, dieses Ziel zu erreichen.

32. Der Sog des *Gewinnpotentials* für Innovationen kann durch eine Reduktion der bestehenden *arbeits- und sozialrechtlichen Bestimmungen* wesentlich erhöht werden. So sollten beispielsweise wieder Karenztage sowie eine höhere Eigenbeteiligung der Arbeitnehmer im Krankheitsfalle eingeführt werden. Außerdem darf beim gegenwärtigen Arbeitslosenversicherungsschutz, der ohnehin finanziell schon sehr umfassend ist, nicht noch der Kündigungsschutz zu Lasten der Unternehmen — z. B. durch die Verpflichtung der Erstellung eines Sozialplanes bei Entlassungen — im bisherigen Umfang bestehen bleiben.[32] Durch den Abbau sozial- und arbeitsrechtlicher Vorschriften müssen unternehmerische Dispositionsrechte ausgeweitet werden, so daß es für Unternehmer wieder lukrativ wird, Nachfragepotentiale und damit Gewinnpotentiale zu realisieren.

---

[30] Vgl. auch P. *Oberender*, Öffentliche Regulierung und innovative Aktivität in der pharmazeutischen Industrie, in: G. Gäfgen (Hrsg.), Ökonomie des Gesundheitswesens. Schriften des Vereins für Socialpolitik, N. F. Band 159, Berlin 1986, S. 357 ff. Zum Problem des Konsumentenschutzes durch Regulierung vgl. M. E. *Streit*, Reassessing Consumer Safety Regulation, in: H. Giersch (Hrsg.), New Opportunities for Entrepreneurship, Kiel 1984, S. 190 ff.

[31] Vgl. H. *Albach*, Ökonomische Wirkungen von Lösungen der Zweitanmelderfrage, Betriebs-Berater, Beilage 18/1984, Heft 29, 1984.

[32] Vgl. C. *Watrin* unter Mitarbeit von U. J. *Giebel*, Sozialpolitische Hemmnisse für die betriebliche Flexibilität, in: Zeitschrift für Wirtschaftspolitik (Wirtschaftspolitische Chronik), 33. Jg. (1984), S. 325 ff.; vgl. Interfinanz, XXIV. Jahresbericht 1982, Düsseldorf 1982, S. 29.

33. Weiterhin muß die *Mitbestimmung* auf eine Mitsprache am Arbeitsplatz reduziert werden, weil die gegenwärtige Regelung eine beträchtliche Verdünnung der Eigentumsrechte darstellt[33] und somit Innovationen behindert. Ferner muß dadurch der Einfluß der Gewerkschaften bei der Arbeitsplatzsicherung zurückgedrängt werden, weil sie sich in der Regel sehr innovationsfeindlich verhalten und somit eine Strukturkonservierung begünstigen.

34. Einen hohen Stellenwert zur Förderung der marktlichen Triebkräfte und damit der Marktdynamik besitzt die Erleichterung der *Gründung eines Unternehmens*. Durch Modifikationen in Richtung einer Liberalisierung bestehender Bestimmungen für Unternehmensgründungen können sowohl die Innovationsfähigkeit als auch die Innovationsbereitschaft nachhaltig gefördert werden. Um die Barrieren für die Gründung eines Unternehmens zu senken, müssen hinsichtlich der Sicherungsmöglichkeiten für Alter und Krankheit die selbständigen den abhängigen Erwerbstätigen gleichgestellt werden. Dadurch steigt der *Anreiz*, sich selbständig zu machen. Außerdem müssen die institutionellen Marktzugangsschranken reduziert werden. Hierbei sind insbesondere die Berufsordnungen von allen nicht vertretbaren Wettbewerbsbeschränkungen zu befreien.

Auch durch bestehende wettbewerbspolitische Ausnahmebereiche werden die Handlungsspielräume für Unternehmensgründungen wesentlich beschränkt. Es muß deshalb überprüft werden, inwieweit eine wettbewerbliche Sonderstellung bestimmter Bereiche in diesem Umfang noch erforderlich ist. In den meisten Bereichen, z. B. Wohnungsbau, Gesundheitswesen, erscheint eine Einschränkung respektive Aufhebung der wettbewerbspolitischen Sonderstellung vertretbar, um die Handlungsspielräume für aktive und potentielle Unternehmer wesentlich zu erweitern.

35. Eine wichtige Rolle bei der Gründung eines Unternehmens spielt die *Kapitalbeschaffung*.[34] Gegenwärtig findet durch steuerliche Begünstigungen — z. B. durch die Wohnungsbauförderungspolitik —, aber auch aufgrund attraktiver Angebote des Staates eine Fehl- bzw. eine Umlenkung von Risikokapital statt. Aus ordnungspolitischen Gründen darf deshalb weder eine Begünstigung bestimmter Kapitalanlageformen noch eine Bevorzugung öffentlicher Kapitalnachfrager erfolgen. Ferner müssen Maßnahmen — insbesondere allgemeine Steuererleichterungen — ergriffen werden, um die Eigenkapitalbasis der Unternehmen zu erhöhen.[35] Die Doppelbesteuerung bei Aktien (Körperschafts-

---

[33] Vgl. G. *Prosi*, Mitbestimmung und Innovation, in: A. Schüller, H. Leipold, H. Hamel (Hrsg.), Innovationsprobleme in Ost und West, Schriften zum Vergleich von Wirtschaftsordnungen, Heft 33, a. a. O., S. 115 ff.; vgl. Interfinanz, XXV. Jahresbericht 1983, Düsseldorf 1983, S. 21 ff.; H. *Leipold*, Eigentum und wirtschaftlicher Fortschritt. Eine dogmenhistorische und systemvergleichende Studie, Köln 1983, S. 139 ff.

[34] Im folgenden vgl. M. E. *Streit*, Innovationspolitik zwischen Unwissenheit und Anmaßung von Wissen, a. a. O., S. 46 f.

und Kapitalertragssteuer) ist abzuschaffen, um die Attraktivität der Aktie als Anlageform zu erhöhen und damit den Finanzierungsspielraum für Aktiengesellschaften zu erweitern. Darüber hinaus sind die Kapitalmarkteintrittsschranken, insbesondere für kleinere und mittlere Unternehmen, zu reduzieren.[36] So müssen insbesondere die Voraussetzungen (z. B. Emissionsminima, Prospekthaftung) sowie die Kosten der Emission von Wertpapieren merklich gesenkt werden.[37] So würde beispielsweise durch eine standardisierte Börsenzulassung und die Abschaffung der obligatorischen Prospekthaftung von Emissionsmaklern der Wettbewerb und damit die Funktionsfähigkeit des Kapitalmarktes erhöht werden.[38]

36. Die Gründung neuer Unternehmen sollte durch indirekte Maßnahmen unterstützt werden wie beispielsweise durch eine generelle Erleichterung der Abschreibung von Anlagen oder auch — wie bereits erwähnt — durch Reduktion arbeits- und sozialrechtlicher Auflagen. Dadurch werden alle drei Triebkräfte des evolutorischen Marktprozesses gleichmäßig begünstigt. Potentielle Unternehmer, die bisher Mitarbeiter bestehender Unternehmer sind, werden ermutigt, sich selbständig zu machen. Je mehr selbständige Unternehmenseinheiten aber in einer Volkswirtschaft vorhanden sind, um so intensiver findet bei Wettbewerbsfreiheit ein Wissenstransfer statt und um so größere individuelle Anstrengungen werden zur Entdeckung und zur Stimulierung von Nachfrage- und Gewinnpotentialen unternommen.

37. Im Rahmen der Ordnungspolitik darf es grundsätzlich zu keiner einseitigen Begünstigung des Forschungs- und Entwicklungsbereichs — beispielsweise durch Subventionierung der Personalkosten dieses Bereichs — kommen, weil sonst eine Übersetzung dieses Bereichs gefördert wird. Dadurch können dann die Grenzerträge der Faktoren im Forschungs- und Entwicklungsbereich sinken und niedriger als in anderen Bereichen (z. B. im Produktions- oder Absatzbereich) sein, was sich dann negativ auf die Wachstumsraten der betreffenden Volkswirtschaft auswirkt.[39]

V. Ergebnis und Ausblick

38. In einer Marktwirtschaft muß die Innovation immer im Zusammenhang mit den beiden anderen marktlichen Triebkräften Arbitrage und Akkumulation

---

[35] Im folgenden vgl. P. *Pütz*, H. *Willgerodt*, Mehr Beteiligungskapital, Vorschläge zur Reform von Unternehmensrecht und Kapitalmarkt, Untersuchung im Auftrage des Kronberger Kreises, Bad Homburg v. d. H. 1983, S. 18 ff.

[36] Vgl. hierzu M. E. *Streit*, Innovationspolitik zwischen Unwissenheit und Anmaßung von Wissen, a. a. O., S. 47.

[37] Kapitalmarkt und offene Märkte (Beschaffungs- und Absatzmärkte) gehören hierbei zusammen. O. V., Wie werden Innovationen gefördert?, a. a. O.

[38] Hierzu vgl. P. *Pütz*, H. *Willgerodt*, Mehr Beteiligungskapital, a. a. O., S. 31 ff.

[39] Vgl. F. *Machlup*, Can There be Too Much Research?, Science, 128 (1958), S. 1320 ff.

gesehen werden. Die Innovationsförderung darf die Balance der Triebkräfte nicht stören. Da es sich bei der Evolution des Marktes um einen sehr komplexen Prozeß handelt, kann man ex ante nicht voraussagen, in welche *Richtung* sich Innovationen entwickeln. Die Entwicklungsrichtung hängt jedoch entscheidend davon ab, inwieweit Unternehmer mit Hilfe von Marktprozessen Nachfragepotentiale und damit Gewinnpotentiale entdecken und stimulieren. Damit sich die Innovation gesamtwirtschaftlich durchsetzt, also zu einer Verbesserung des Wohlstandes insgesamt führt, bedarf es der beiden Triebkräfte Arbitrage und Akkumulation. Nur durch die Offenlegung der Differenzen und die Nivellierung durch die Diffusion (Imitation) wird die Neuerung verbreitet.

39. Eine staatliche Innovationsförderung kann wettbewerbskonform in einer Marktwirtschaft nur mit Hilfe der Ordnungspolitik betrieben werden. Durch Konstanz der Wirtschaftspolitik und durch ihre damit gegebene Vorhersehbarkeit muß eine Aktivierung der Unternehmer ausgelöst werden, die der Motor der wirtschaftlichen Entwicklung sind. Hierbei müssen offene Märkte mit einer möglichst großen Bewegungsfreiheit für Unternehmer bestehen, was der Schaffung entsprechender gesetzlicher und institutioneller Rahmenbedingungen bedarf, die einen solchen freien Wettbewerb ermöglichen.

40. Es ist *Aufgabe der Unternehmer* zu entscheiden, in welche *Richtung* und in welchem *Umfang* es für sie lohnt, zu innovieren. Eine staatliche Forschungs- und Technologiepolitik darf nicht versuchen, die Strukturen der Wirtschaft in eine bestimmte Richtung zu lenken. Wegen der hohen Komplexität und der daraus folgenden Ungewißheit könnte sich eine solche Steuerung beispielsweise im internationalen Wettbewerb sehr schnell als verfehlt herausstellen und zu neuen gravierenden Anpassungsproblemen führen. Es muß hier — weit mehr noch als für andere Bereiche der Wirtschaftspolitik — sehr nachdrücklich vor der Vorstellung der Machbarkeit gewarnt werden.[40]

41. In diesem Zusammenhang kann man oft die Auffassung antreffen, eine Volkswirtschaft müsse auf jedem technisch neuen Gebiet führend sein. Diese Ansicht ist falsch, vielmehr gelten auch für die Forschungsaktivitäten selbst die Prinzipien der internationalen Arbeitsteilung, die es im internationalen Wettbewerb zu entdecken gilt. Die Entwicklung der Außenhandelsverflechtungen zwischen den Industrievolkswirtschaften zeigt dies sehr instruktiv, indem nach dem Zweiten Weltkrieg nicht nur der internationale int*er*industrielle Handel, sondern vor allem die internationale int*ra*industrielle Spezialisierung zunahm.

42. Am Schluß sei noch kurz auf zwei Schlagworte der Gegenwart, nämlich Technologietransfer und Technologieparks, eingegangen. Vielerorts wird die

---

[40] Grundsätzlich hierzu vgl. E. *Heuß*, Die Vorstellung von der Machbarkeit in der Wirtschaftspolitik, in: E. Dürr, W. A. Jöhr und K. W. Rothschild, Beiträge zur Wirtschafts- und Gesellschaftspolitik, Festschrift für T. Pütz, Berlin 1975, S. 23 ff.; E. *Tuchtfeldt*, Über den Mythos der Machbarkeit, Schweizer Monatshefte, 53. Jahr, Heft 8 (November 1973).

Errichtung dieser Kontaktstellen propagiert, um die Unternehmer zu Innovationen anzuregen. Hierbei wird meist übersehen, daß durch diesen „Förderungs-" und „Technologietransfer-Aktivismus" (Staudt) für die Unternehmer zwar bessere Möglichkeiten der Information bestehen, aber dadurch oft auch eine Innovationsmüdigkeit bei den Unternehmern provoziert wird.[41] Entscheidend für Innovationen ist vielmehr, daß durch ein innovationsfreundliches Klima und entsprechende Rahmenbedingungen Unternehmer wieder mehr Anreize und Mut zur Kreativität haben. Hierzu bedarf es — wie das Silicon Valley zeigt — keiner staatlichen Forschungsförderung zur Entstehung dieser Zentren, sondern es sind lediglich genügend kreative Unternehmer, die sich zu einer solchen spontanen Initiative entschließen, erforderlich.[42]

---

[41] Vgl. E. *Staudt,* Die Verwalter haben die Innovation übernommen, Frankfurter Allgemeine Zeitung, 17. 9. 1983; ders., Verführte Unternehmen, Wirtschaftswoche, 38. Jg., Nr. 15 (6. 4. 1984), S. 100ff.
[42] Vgl. J. *Starbatty,* Verführung zum offensiven Merkantilismus, Frankfurter Allgemeine Zeitung, 25. 2. 1985.

Marktwirtschaft und Innovation
Grenzen und Möglichkeiten staatlicher Innovationsförderung

(Korreferat)

Von *Erhard Kantzenbach*, Hamburg

1. Oberender hat sein Referat in drei Hauptkapitel unterteilt und in diesen drei Fragenkreise behandelt:

— Er stellt *erstens* die Innovation in Zusammenhang mit zwei anderen marktlichen Triebkräften, nämlich die Arbitrage und die Akkumulation und untersucht die Bedingungen für deren Zusammenwirken (Tz. 3-9).

— Er untersucht *zweitens* die Determinanten unternehmerischer Innovationsaktivität innerhalb eines Marktsystems (Tz. 10-18).

— Und *drittens* untersucht er die Möglichkeiten und Grenzen staatlicher Innovationsförderung in einer Marktwirtschaft (Tz. 19-37).

Ich werde mich insbesondere mit der dritten Frage auseinandersetzen. Sie scheint mir deshalb besonders interessant zu sein, weil sie nicht nur die gegenwärtige Diskussion in der Bundesrepublik über Technologieförderung und internationale Wettbewerbsfähigkeit betrifft. Sie berührt darüber hinaus die grundlegende ordnungspolitische Diskussion sowie methodologische Fragen der neuen institutionellen Wirtschaftstheorie.

Bevor ich aber zu dieser dritten, der wirtschaftspolitischen Frage komme, möchte ich kurz auch auf die beiden vorangehenden theoretischen Fragen eingehen:

2. Bezüglich der *ersten* Frage, nämlich derjenigen nach dem *Zusammenwirken von Innovation, Arbitrage und Akkumulation* verweist Oberender auf eine Habilitationsschrift von *Fehl*, die leider nicht veröffentlicht ist.[1] Die Hinweise von Oberender auf diese Schrift werfen einige Fragen auf, die zur Diskussion reizen.

Oberender schreibt, daß „zur Aufrechterhaltung der Marktdynamik eine Ausgewogenheit, also eine Balance dieser drei Triebkräfte notwendig (sei)" (Tz. 7). Diese Ausgangsvorstellung erscheint plausibel. Sie erinnert an Schumpe-

---

[1] Die zweite Literaturquelle wurde erst nachträglich in die schriftliche Fassung des Referats eingefügt.

ters Begriffspaar Innovation und Immitation[2] und Arndts individualisierenden und generalisierenden Wettbewerbsstrom.[3]. Fehls Arbitrage und Akkumulation sind aber wohl doch etwas anders definiert.

Dann kommt jedoch die Aussage:

„Diese Balance der Kräfte ergibt sich aus dem Marktprozeß selbst, wenn er frei abläuft, weil sich die Kräfte im freien Spiel des Wettbewerbs wechselseitig anstoßen und zähmen. Somit kann bei Wettbewerbsfreiheit von einer Tendenz zur Balance der Kräfte ausgegangen werden" (Tz. 7).

Dies ist nun allerdings eine sehr gehaltvolle These. Sie besagt nicht weniger, als daß sich selbst überlassene Märkte sich optimal entwickeln. Die Gefahr eines zu großen oder zu kleinen Wettbewerbsvorsprungs des Innovators und damit die Gefahr eines dauerhaften Monopols oder einer polypolistischen Stagnation, wie sie vor allem Arndt beschäftigten, existiert nach dieser Auffassung nicht. Der Staat darf nicht eingreifen, da er damit nur die Balance der Marktkräfte stören würde (Tz. 22).

Ein Hinweis erfolgt noch auf die Heuß'sche Unternehmertypologie (Tz. 9). Nur bei einer ausgewogenen Mischung der verschiedenen Unternehmertypen ergibt sich die besagte Balance der drei Triebkräfte. Daraus müßte man folgern, daß ein freier Marktprozeß auch die optimale Mischung der Unternehmertypen gewährleisten würde.

Würde diese These zutreffen, so wäre sie in der Tat die Begründung für eine wirtschaftspolitische Forderung, die Oberender später aufstellt. Ich meine die Forderung, die Innovationspolitik solle sich auf die Schaffung eines innovationsfreundlichen Ordnungsrahmens beschränken.

A priori überzeugen kann mich diese These nicht. Leider bietet das Referat auch keinerlei Hinweise auf empirische Belege. Ich sehe nicht einmal, daß diese These überhaupt falsifizierbar formuliert ist. Hierzu sollte der Verfasser m. E. in der Diskussion einige Erläuterungen geben.

3. In bezug auf die *zweite* Frage — nämlich die Frage, *wovon die unternehmerische Innovationsaktivität in einem Marktsystem abhängt* — habe ich keine kritischen Anmerkungen zu machen.

Oberender erwähnt die Kontroverse, ob Innovationen in erster Linie von der Nachfrage nach neuen Problemlösungen oder vom Angebot neuer technischer Möglichkeiten bestimmt sind. Er verweist auf die entsprechenden empirischen Untersuchungen Schmooklers, die eindeutig der Nachfrageseite die größte Bedeutung zumessen und m. W. heute allgemein akzeptiert sind (Tz. 13).

---

[2] Erstmals in: Theorie der wirtschaftlichen Entwicklung, Leipzig 1912.

[3] Konkurrenz und Monopol in Wirklichkeit, Jahrbücher für Nationalökonomie und Statistik, Bd. 161, 1949.

Oberender macht dann darauf aufmerksam, daß für eine unternehmerische Innovationsaktivität nicht nur die Fähigkeit vorhanden sein muß, sondern auch die Bereitschaft.

— Die Innovations*fähigkeit* sei vor allem durch das technische Potential und durch die finanziellen Möglichkeiten bestimmt (Tz. 11).

— Die Innovations*willigkeit* der Unternehmer hänge dagegen vorwiegend vom Handlungsspielraum des Unternehmers und den Gewinnanreizen für innovatives Verhalten ab (Tz. 14). Beides werde durch die gesetzlichen und institutionellen Rahmenbedingungen der Wirtschaft, also durch die Ordnungspolitik maßgeblich beeinflußt. Hierin sieht Oberender dann — wie schon erwähnt — den einzigen vertretbaren Ansatzpunkt für eine wirtschaftspolitische Förderung von Innovationen.

4. Damit komme icht zur *dritten* Frage in Oberenders Referat, der Frage nach den *Möglichkeiten und Grenzen staatlicher Innovationspolitik in einer Marktwirtschaft.* Sie zielt auf das zentrale Problem unserer Tagung, und über sie sollte hier vor allem diskutiert werden.

Wenn ich ihn richtig interpretiere, so vertritt Oberender zu dieser Frage zwei Forderungen:

— nämlich *erstens,* die schon mehrfach genannte Forderung, staatliche Innovationspolitik müsse sich auf die Schaffung innovationsfreundlicher marktwirtschaftlicher Rahmenbedingungen beschränken (Tz. 27 u. 39).

— und *zweitens,* im Rahmen dieser Politik müsse die bestehende Wirtschafts- und Sozialordnung der Bundesrepublik radikal verändert werden, um zusätzliche unternehmerische Freiheitsspielräume und Gewinnchancen zu schaffen (Tz. 29 ff.).

Um meine Beurteilung dieser beiden Vorschläge vorweg zu nehmen:

Ich halte beide Aussagen — im Vergleich zum status quo in der Bundesrepublik — *in der Tendenz für richtig* und vertretbar. In der Kompromißlosigkeit und Radikalität, mit der sie hier vorgetragen wurden, halte ich sie jedoch für *maßlos überzogen.* In dieser Form sind sie m. E. weder realisierbar noch wünschbar. Oberender schüttet das Kind mit dem Bade aus.

5. Ich komme zunächst zur *ersten* Forderung, derjenigen nach einer *Beschränkung der Innovationspolitik auf eine marktwirtschaftliche Ordnungspolitik:*

Es ist sicherlich richtig, daß im Laufe der Jahre die Forschungs- und Entwicklungspolitik in der Bundesrepublik weit über das vertretbare Maß gewuchert ist. Dies gilt meiner Auffassung nach weniger in bezug auf die insgesamt eingesetzten Mittel, als bezüglich der Zahl der geförderten Programme und Projekte. Schon eine systematische Zusammenstellung bereitet Schwierigkeiten. Eine umfassende Effizienzbeurteilung erscheint ausgeschlossen. Auch ich habe den Verdacht, daß die Wirksamkeit dieser Politik auf Wachstum und internationale Wettbewerbsfähigkeit nicht allzu groß, wenn sie nicht sogar negativ einzuschätzen ist.

Aber mit dem Schlagwort, daß jede direkte Innovationsförderung eine „Anmaßung von Wissen" sei (Tz. 20) und deshalb ausnahmslos abzulehnen sei, ist es nicht getan. In diesem Sinne ist jede Prognose eine Anmaßung von Wissen, auch diejenige des Unternehmers.

Die Argumentation übersieht, daß die staatliche Intervention ja vor allem nicht damit begründet wird, daß der Staat über höheres Wissen verfüge als der Unternehmer, sondern daß seine *gesamt*wirtschaftlichen Entscheidungskriterien von den *einzel*wirtschaftlichen des Unternehmers abweichen. Dies wird leider in der Diskussion immer wieder verwechselt.

Fruchtbarer als die ausnahmslose Ablehnung scheint mir deshalb die *Anwendung des Subsidiaritätsprinzips in der staatlichen Innovationspolitik* zu sein. Dieses bedeutet, daß die Durchführung von Innovationen grundsätzlich — aber nicht ausnahmslos — Aufgabe der privaten Unternehmen ist. In Ausnahmefällen kann der Staat die Innovationstätigkeit indirekt oder direkt fördern oder sogar selbst durchführen. Dazu bedarf er aber einer ausdrücklichen Begründung. Der Staat sollte dabei immer den Weg mit der geringsten Wettbewerbsverzerrung gehen, d.h. er sollte der indirekten Förderung den Vorzug geben vor der direkten und dieser wiederum vor der eigenen Innovationstätigkeit des Staates. Wenn ich richtig sehe, wird diese Auffassung grundsätzlich sowohl von der Bundesregierung als auch von den meisten Kritikern der gegenwärtigen Forschungs- und Technologiepolitik geteilt.

6. Akzeptieren wir diesen Ansatz, so stellt sich als nächster Schritt die Frage, *welche Arten staatlicher Forschungs- und Innovationsförderung innerhalb unserer marktwirtschaftlichen Ordnung zu rechtfertigen sind*. Meiner Ansicht nach sind vier Rechtfertigungsgründe grundsätzlich anzuerkennen.

— Auch von Oberender unbestritten ist dies *erstens* bei der *Grundlagenforschung* der Fall. Ihre Ergebnisse sind nicht unmittelbar wirtschaftlich verwertbar, wirken aber befruchtend auf viele Bereiche angewandter Forschung. Sie sollten deshalb für jedermann frei verfügbar sein. Da es aus diesen Gründen kaum privatwirtschaftliche Anreize zur Grundlagenforschung gibt, wird sie öffentlich finanzierten Institutionen als Aufgabe zugewiesen.

— Ähnlich unumstritten ist *zweitens*, daß die marktwirtschaftliche *Ordnungspolitik* die Rahmenbedingungen für die privatwirtschaftlichen Innovationsprozesse setzt. Damit ist jedoch noch nicht gesagt, wie diese Ordnungspolitik im einzelnen aussehen sollte. Oberender stellt diese Frage in den Mittelpunkt seiner Überlegungen. Ich werde darauf nachfolgend noch näher eingehen.

— Sehr wohl umstritten ist dagegen die Frage, ob der Staat *drittens* die Forschungs- und Innovationsaktivitäten privater Unternehmen generell,

d. h. *indirekt fördern soll* — etwa in der Form von Lohnkostenzuschüssen für Forschungspersonal. Zur Begründung derartiger Forderungen wird darauf verwiesen, daß privatwirtschaftliche Forschungsaktivitäten erhebliche externe Erträge abwürfen. Dies erscheint plausibel, ist aber im einzelnen schwer nachweisbar.

Eine generelle staatliche Förderung von industriellen Forschungs- und Entwicklungsvorhaben wird auch im Hinblick auf die internationale Wettbewerbsfähigkeit der deutschen Wirtschaft gefordert. Es wird darauf verwiesen, daß sich durch den Export innovatorischer Güter höhere Faktoreinkommen erzielen lassen als durch Preisvorteile bei sog. Ubiquitätsgütern.

Oberender spricht sich gegen eine indirekte staatliche Innovationsförderung aus. Seiner Auffassung nach entsteht sonst die Gefahr der Fehlallokation durch zu hohe Ressourcenbindung im F.- u. E.-Bereich (Tz. 37).

— Am schärfsten wird *viertens* in der wirtschaftswissenschaftlichen Literatur die *direkte Forschungs- und Innovationsförderung* kritisiert. Dem Staat wird die Fähigkeit bestritten, die zukünftigen Marktchancen neuer Produkte vorherzusehen und somit eine sinnvolle Projektauswahl zu treffen. Vor allem in diesem Zusammenhang spricht Oberender von einer „Anmaßung von Wissen".

Ich meine aber, selbst für die direkte Forschungs- und Innovationsförderung gibt es Rechtfertigungsgründe. Sie sollten zumindest eingehend geprüft werden, bevor man zu ihrer Ablehnung kommt.

7. Da ist zunächst a) der Bereich der *Kollektivgüter* zu nennen, für die der Staat alleiniger Anbieter ist. Ein besonders anschauliches Beispiel ist der Rüstungsbereich. Militärisches Großgerät wird heute in allen Staaten der Welt mit Hilfe staatlicher Finanzmittel erforscht und entwickelt. Es ist eben nicht so, wie Oberender glaubt, daß ein Kampfpanzer von Privatunternehmen auf eigenes Risiko entwickelt wird, weil dies Unternehmen ein Nachfragepotential des Staates glaubt entdeckt zu haben (Tz. 20).[4] Ein solches Risiko würde wohl kaum ein Unternehmen eingehen. Vielmehr herrscht gerade im Rüstungsbereich von Anfang an eine enge planerische und finanzielle Kooperation von Staat und Industrie. Vergleichbare Verhältnisse herrschen teilweise auch im Telekommunikationsbereich.

Ähnlich ist die Situation b) im Bereich von Gütern mit erheblichen *externen Effekten*. Als Beispiel bietet sich die Automobilindustrie an. Auch meiner Auffassung nach kann man alle Produktinnovationen, die den Wert des Autos für den Nachfrager erhöhen, getrost der Initiative der Hersteller überlassen, jedenfalls so lange unter diesen funktionsfähiger Wettbewerb herrscht. Wie steht

---

[4] Dieser Einwand bezieht sich auf die ursprüngliche Fassung des Referats. In der überarbeiteten schriftlichen Fassung wurde er von Oberender berücksichtigt.

es aber mit Produktinnovationen, die die Umweltbelastung reduzieren, beispielsweise dem Katalysator? Für ihn besteht kein privates Nachfragepotential, es sei denn der Staat schreibt bestimmte Normen für eine höchstzulässige Schadstoffemission vor oder bietet finanzielle Anreize für die Einhaltung bestimmter Normen.

Wohlbegründete Schadstoff-Normen kann der Staat aber nur auf einer einigermaßen verläßlichen Kosten-Nutzen-Abschätzung vornehmen. D. h. er muß vorher mindestens eine Entgiftungstechnik kennen und ihre Kosten abschätzen können. Falls ihm darüber aber keine Auslandserfahrungen vorliegen, wie es zufälligerweise in der Bundesrepublik der Fall war, ist er gezwungen, die Initiative für entsprechende Forschungs- und Entwicklungsarbeiten selbst zu ergreifen.

Ich glaube, dieses Beispiel ist durchaus verallgemeinerungsfähig. Wer eine Beschränkung des Staates auf die Ordnungspolitik fordert und direkte Innovationsförderung ablehnt, übersieht, daß staatlich finanzierte Projektförderung häufig erst die Basis für eine begründete Fortentwicklung der Ordnungsnormen liefert.

Ein weiterer Rechtfertigungsgrund für direkte staatliche F.- und E.-Projektförderung ist c) ihre *Größe*. Einzelvorhaben können einen so hohen finanziellen Aufwand erfordern bzw. ein so hohes finanzielles Risiko enthalten, daß kein Unternehmen bereit ist, sie ohne staatliche Beteiligung durchzuführen. Die Entwicklung der Kernreaktoren ist dafür ein Beispiel.

In solchen Fällen stehen wir vor der Alternative, auf die Vorhaben zu verzichten oder sie großenteils staatlich zu finanzieren.

Daß eine Anerkennung dieses Rechtfertigungsgrundes zwangsläufig zu einer Bevorzugung von Großunternehmen bei der Mittelvergabe führt, sei ausdrücklich erwähnt.

Damit komme ich d) zum letzten und m. E. schwächsten Rechtfertigungsgrund. Bestimmte Technologien wie beispielsweise die Luftfahrt und die Mikroelektronik werden im Ausland systematisch vom Staat gefördert. In den USA geschieht dies vornehmlich durch Rüstungsausgaben, in Japan durch zivile Innovationsförderung. Überspitzt formuliert stehen die europäischen Staaten hier vor der Alternative, diese Technologien ebenfalls zu fördern oder in ihnen völlig importabhängig zu werden.

Sicherlich braucht nicht jedes Land in jeder Technologie an der Spitze zu marschieren. Zu Recht verweist Oberender darauf, daß es auch im F.- u. E.-Bereich eine internationale Arbeitsteilung gibt (Tz. 41). Aber es gibt durch personelle Fluktuationen auch erhebliche externe Erträge und Komplementaritätsbeziehungen zwischen verschiedenen Technologien. Wer garantiert darüber hinaus, daß das fremde technische Wissen für uns immer verfügbar bleibt, daß neben den Beschränkungen aus strategischen nicht auch solche aus autarkistischen Motiven treten?

Ich habe vier Rechtsfertigungsgründe für eine direkte projektgebundene Forschungs- und Innovationsförderung genannt. Alle vier finden sich in den regierungsamtlichen Veröffentlichungen zur Konzeption staatlicher Innovationspolitik.[5] Ich meine, sie bedürfen einer sorgfältigen Überprüfung durch die Wissenschaft. Dazu verfügen wir über das notwendige theoretische Instrumentarium und wohl auch über hinreichendes Faktenwissen. Mit einer Pauschal-Ablehnung wegen „Anmaßung von Wissen" ist es nicht getan.

Mir scheint das Problem staatlicher Innovationsförderung heute weniger in der Konzeption als in der Realisierung zu liegen. Darauf weist auch Peters in seinem Referat hin (S. 48f.). Die Grundsatzabteilungen des BMWi und des BMFT sind sich der ordnungspolitischen Problematik m. E. durchaus bewußt. Problematisch ist vielmehr das Auswuchern der konkreten Förderungspraxis.

8. Damit komme ich zur *zweiten* Forderung Oberenders, derjenigen nach *Veränderung der bestehenden Wirtschafts- und Sozialordnung der Bundesrepublik*, um zusätzliche Freiräume und Gewinnchancen für Unternehmer zu schaffen.

Wie ich ausgeführt habe, fordert Oberender, daß sich die staatliche Innovationsförderung auf die Schaffung marktwirtschaftlicher Rahmenbedingungen beschränken solle. Dementsprechend nehmen ordnungspolitische Reformvorschläge einen wichtigen Platz in seinen Ausführungen ein. Zu einem großen Teil handelt es sich um Vorschläge, die unter Ökonomen eine breite Zustimmung finden würden. Auf diese möchte ich hier nicht näher eingehen.

Einige Vorschläge sind aber auch so weitreichend, daß sie auf eine radikale Veränderung der bestehenden Wirtschafts- und Sozialordnung der Bundesrepublik hinauslaufen. Für diese scheint mir die Begründung Oberenders zu kurz zu greifen.

Zunächst möchte Oberender offenbar die öffentliche Meinung in der Bundesrepublik gezielt beeinflussen. Er glaubt nämlich feststellen zu können, daß in großen Teilen der Bevölkerung eine „ausgeprägte Technikfeindlichkeit" vorliege (Tz. 25) und eine „einseitige Verteufelung von Neuerungen in den Medien" (Tz. 26). Dem sei durch „eine verstärkte objektive Aufklärung der Bevölkerung" energisch entgegenzutreten. Außerdem muß „der gesellschaftlichen Verketzerung des Unternehmers und des Gewinnstrebens entgegen gewirkt werden" (Tz. 27).

Ob dieses alles auch durch den Staat erfolgen soll, erwähnt Oberender nicht explizit, aber aus dem Zusammenhang muß man es entnehmen.

---

[5] S. Bundesminister für Forschung und Technologie (Hrsg.) Bundesbericht Forschung 1984, Bonn 1984. Vgl. auch: Innovationsförderung durch den Staat? mit Beiträgen von V. *Hauff, O. Graf Lambsdorff,* H. *Riesenhuber* und R. *Rodenstock,* W. u. W., Heft 7/8, 1984 und Innovationspolitik und Wettbewerbsordnung, Bericht über ein Handelsblatt — Kolloquium, W. u. W., Heft 12, 1984.

Selbstverständlich will ich Oberender nicht das Recht bestreiten, diese Auffassungen zu vertreten. Schon gar nicht will ich seiner Meinung nun eine abweichende von mir entgegenstellen. Aber es kann meiner Auffassung nach auf einer wissenschaftlichen Tagung nicht kritiklos hingenommen werden, daß der Referent seine subjektive Sicht der Dinge ohne den geringsten Versuch der Begründung so vorträgt, als handele es sich um längst bekannte Selbstverständlichkeiten. Das ist bestimmt nicht der Fall.

9. Mit ähnlicher Unbekümmertheit stellt Oberender dann Forderungen, die m. E. nicht weniger bedeuten als die Demontage des Sozialstaats in der Bundesrepublik.

— „Durch den Abbau sozial- und arbeitsrechtlicher Vorschriften müssen unternehmerische Dispositionsrechte ausgeweitet werden" (Tz. 32).

— „Weiterhin muß die Mitbestimmung auf eine Mitsprache am Arbeitsplatz reduziert werden, weil die gegenwärtige Regelung eine beträchtliche Verdünnung der Eigentumsrechte darstellt ..." (Tz. 33).

Meines Erachtens läßt sich durchaus die Meinung vertreten, daß die Mitbestimmungsrechte und die Schutzrechte der Arbeitnehmer in der Bundesrepublik bereits so weit getrieben wurden, daß negative Rückwirkungen auf die Beschäftigung und das Wirtschaftswachstum zu befürchten sind. Zutreffend beurteilen lassen sich diese Institutionen aber nur unter Berücksichtigung aller betroffenen wirtschafts- und gesellschaftspolitischen Ziele. Zu berücksichtigen sind insbesondere diejenigen Ziele, die mit den betreffenden gesetzlichen Regelungen angestrebt wurden. Diese sind — wenn wir beispielsweise den Zielkatalog von *Giersch*[6] zugrunde legen — wohl in erster Linie sozialer Frieden, soziale Gerechtigkeit und Sicherheit. Gegen Einbußen bei diesen Zielen wären mögliche Effizienz- und Wachstumsvorteile, die ich a priori überhaupt nicht leugnen will, abzuwägen. Auch dies ist selbstverständlich nur mit subjektiven Wertungen möglich, die deutlich hervorzuheben wären.

Nichts von alledem findet sich bei Oberender. Innovationsvorteile und damit Effizienz und Wachstum erscheinen als das Maß aller Dinge.

10. Ich komme damit zum Schluß meiner Kritik. Ökonomen haben mit ihrem Denkansatz des methodologischen Individualismus, mit ihrer Prämisse rationalen individuellen Verhaltens und mit ihrem Erkenntnisinteresse an gesamtwirtschaftlicher Effizienz große gesellschaftswissenschaftliche Erfolge erzielt. Mit den ökonomischen Theorien der Politik und des Rechts, zu denen auch die Theorie der Verfügungsrechte gehört, haben sie in den betreffenden Nachbarwissenschaften bedeutende Erklärungsansätze geliefert.

In zunehmendem Maße sind sie aber in den letzten Jahren auch der Gefahr erlegen, die Prämissen und die Grenzen ihres Denkansatzes aus den Augen zu

---

[6] Allgemeine Wirtschaftspolitik — Grundlagen —, Wiesbaden 1960, S. 59 ff.

verlieren. Sie erliegen der Versuchung, aus den bedingten Theorien bedingungslose politische Forderungen herzuleiten. Ich fürchte, dieser Versuchung ist auch Oberender in Teilen seines Referats erlegen.

Selektive Innovationspolitik im Rahmen sektoraler Strukturpolitik

Von *Hans-Rudolf Peters*, Oldenburg

I. Einleitung

Die praktizierte selektive Innovationspolitik verdankt ihren Aufschwung in den siebziger Jahren nicht zuletzt jener inhaltlich wenig gehaltvollen Wachstumsdiskussion, die nicht viel mehr als den Schlachtruf „Weg vom quantitativen und hin zum qualitativen Wachstum" hervorbrachte. In der Bundesrepublik Deutschland verkündeten damals hauptsächlich Politiker der Regierungskoalition und dort insbesondere jene, die sich auf die Gewinnung oder Wiedergewinnung umweltbewegter Jungwähler konzentrierten, daß der Staat von der generellen Förderung des Wirtschaftswachstums abrücken und zu einer selektiven Förderung umweltfreundlicher und gesellschaftspolitisch erwünschter Produktionen übergehen müsse. Dabei wurde kaum jemals gesagt, was denn der strapazierte Begriff „qualitatives Wachstum" konkret bedeutet und anhand welcher Kriterien gesellschaftspolitisch erwünschte Produktionen auszuwählen seien. Die Politikverheißungen in Verbindung mit dem natürlichen Expansionsdrang ministerieller Fachressorts — insbesondere des Bundesministeriums für Forschung und Technologie (BMFT) — führten dann zur Ausdehnung der selektiven Förderung von Forschung, Entwicklung und Innovation in der Bundesrepublik Deutschland. So weist z. B. der 1984 vom BMFT herausgegebene Ratgeber Forschung und Technologie allein über 30 Fachprogramme des Bundes aus, die hauptsächlich vom BMFT sowie ferner vom Bundesministerium für Wirtschaft (BMWi) und vom Bundesministerium für Raumordnung, Bauwesen und Städtebau (BMBau) gefördert werden.[1] Daneben existieren noch die verschiedenen Programme der Bundesländer und der Europäischen Gemeinschaften.

---

[1] In dem Ratgeber Forschung und Technologie — Fördermöglichkeiten und Beratungshilfen, Bonn 1984, S. 21 f. werden folgende technologieorientierte Förderprogramme des Bundes ausgewiesen: 1. Fachprogramme BMFT a) Schlüsseltechnologien: Elektronik, Technische Kommunikation, Informationsverarbeitung, Fachinformation, Biotechnologie, Materialforschung und Metallurgie, Korrosion und Tribologie, Chemische Verfahrenstechnik, Fertigungstechnik, Physikalische Technologien — b) Programme staatlicher Zukunftsvorsorge: Energieforschung und -technik, Wasserforschung und -technologie, Meeresforschung, Meerestechnik, Polarforschung, Klimaforschung, Weltraumforschung und -technik, Luftfahrtforschung und -technologie, Transport- und Verkehrssysteme,

II. Zum Begriff Innovation

Üblicherweise benutzt man den Begriff Innovation für die erstmalige Einführung von produktionstechnischen Neuerungen in die Wirtschaft. Dabei kann es sich sowohl um die Schaffung neuer Produkte (Produktinnovation) als auch um die Anwendung neuartiger Produktionsverfahren (Prozeßinnovation) handeln. In der Regel steht die Innovation am Ende eines mehrstufigen Schöpfungsprozesses, der mit der Grundlagenforschung beginnt, sich in der angewandten Forschung bis zur technischen Entwicklung fortsetzt und letztlich in anwendungsreifen neuen Produktionsverfahren oder neuen Produkten niederschlägt. Dabei muß der Gesamtprozeß nicht unbedingt von einem Innovator bewältigt werden, sondern kann durchaus arbeitsteilig erfolgen. Häufig benutzen Unternehmen der Privatwirtschaft die Ergebnisse der Grundlagenforschung öffentlicher Forschungseinrichtungen (wie z. B. Universitäten), die allgemein zugänglich und nicht unbedingt anwendungsorientiert sind, als Ausgangsbasis für die eigene zweckbestimmte Forschung und technische Entwicklung. Manchmal bedarf es überhaupt nicht der Grundlagenforschung, weil (rein zufällige) Entdeckungen oder Erfindungen das technische Wissen unmittelbar erweitern und zu Innovationen führen können.

Konstitutiv für eine Innovation ist die Umsetzung neu gewonnenen technischen Wissens in wirtschaftlich verwertbare Neuerungen. Von der Diffusion der Innovation, die entweder durch Induzierung weiterer Neuerungen auf anderen Gebieten oder durch Imitation erfolgen kann, hängt dann die Breitenwirkung des innovatorischen Prozesses ab. Innovationen führen meist zu autonomen Investitionen[2], die den mittelfristigen Wachstumsprozeß tragen.

III. Anlässe für Innovationspolitik

In einer marktwirtschaftlich orientierten Ordnung gehört die Innovationstätigkeit zur ureigendsten Aufgabe der dezentralen Wirtschaftseinheiten, und

---

Bauforschung und -technik, Energieverwendung im Bauwesen — c) Programme zur Verbesserung der Lebens- und Arbeitsbedingungen: Umweltforschung und -technik, FuE im Dienste der Gesundheit, FuE zur Humanisierung des Arbeitslebens, Sicherheitsforschung und -technik. 2. Programme des BMWi: Förderung der Entwicklung von zivilen Flugzeugen, Innovation im Steinkohlebergbau, Förderung der industriellen Gemeinschaftsforschung und -entwicklung, Förderung von FuE bei kleinen und mittleren Unternehmen in Berlin. 3. Programme BMBau: Bau- und Wohnungswesen, Arbeitsgemeinschaft für Bauforschung, Zivil- und Katastrophenschutz.

[2] Während induzierte Investitionen sich aus Veränderungen des Volkseinkommens ergeben und hauptsächlich als Erklärung des Konjunkturzyklus dienen, sind autonome Investitionen ziemlich unabhängig vom Wachstum des Volkseinkommens und werden häufig zur Erklärung des mittelfristigen Wirtschaftswachstums herangezogen. Vgl. K. H. *Oppenländer*, Autonome Investitionen, technischer Fortschritt und wirtschaftliches Wachstum, in: Mückl/Ott (Hrsg.): Wirtschaftstheorie und Wirtschaftspolitik. Gedenkschrift für Erich Preiser, Passau 1981, S. 378 f.

zwar hauptsächlich der Unternehmen. Nach Schumpeter besteht die Funktion der Unternehmer darin, „die Produktionsstruktur zu reformieren oder zu revolutionieren entweder durch die Ausnützung einer Erfindung oder, allgemeiner, einer noch unerprobten technischen Möglichkeit zur Produktion einer neuen Ware bzw. zur Produktion einer alten auf eine neue Weise, oder durch die Erschließung einer neuen Rohstoffquelle oder eines neuen Absatzgebietes oder durch Reorganisation einer Industrie usw."[3]

Was kann nun den Staat veranlassen, die Innovationstätigkeit der Unternehmen in einer marktwirtschaftlich orientierten Ordnung zu beeinflussen? Ein Anlaß kann sein, daß der technische Fortschritt in einer Volkswirtschaft nicht oder zu langsam vorankommt, weil die Innovationstätigkeit der Einzelwirtschaften — eventuell wegen Innovationsbarrieren — unzureichend ist. In diese Richtung zielt beispielsweise die Begründung für ein forschungs- und technologiepolitisches Konzept der Bundesregierung, in der zunächst noch einmal auf die Eigenverantwortung und Zuständigkeit der Unternehmen hingewiesen wird und sodann die Grenzen eventueller staatlicher Förderung grob abgesteckt werden. Es heißt dort: „Das Aufspüren vermarktungsfähiger Technologien und die Umsetzung im Markt ist in unserer Wirtschaftsordnung grundsätzlich Aufgabe der Unternehmen. Nur in dem Maße, in dem Unternehmen gesamtwirtschaftlich oder im öffentlichen Interesse notwendige oder wünschenswerte technische Entwicklungen nicht, nur unzureichend oder verzögert verfolgen oder durchsetzen können, regt die staatliche Forschungs- und Technologiepolitik die Schaffung und Anwendung neuer Technologien an und unterstützt sie."[4] Ein weiterer Grund für eine staatliche Innovationsbeeinflussung — eventuell mittels Auflagen oder sogar Verboten — könnte sein, daß die Ergebnisse von Innovationsprozessen zwar betriebswirtschaftlich, nicht aber gesellschaftlich akzeptabel sind, weil die Innovatoren eventuell einen Teil ihres ökonomischen Erfolges der Abwälzung von Kosten — z. B. von Kosten zur Beseitigung von produktionsbedingten Umweltschäden — auf die Allgemeinheit verdanken. Es geht also hier um die Eindämmung externer Effekte der Produktion und somit auch um die Verhinderung oder Einschränkung umweltbelastender Innovationsprozesse. Ferner könnte sich der Staat veranlaßt sehen, die Innovationstätigkeit generell oder selektiv zu fördern, um das Wachstum und den Strukturwandel der Volkswirtschaft oder bestimmter Wirtschaftsbereiche zu forcieren und gleichzeitig die Anpassung der Unternehmen und Branchen an den Strukturwandel zu erleichtern.

Eine ziemlich ungewöhnliche Auffassung zur Begründung staatlicher Innovationspolitik vertritt Horst Hinz, Mitglied der Vorstandsverwaltung der Industrie-Gewerkschaft Metall. Seines Erachtens weist die Marktwirtschaft ein

---
[3] J. A. *Schumpeter*, Kapitalismus, Sozialismus und Demokratie, Reihe UTB 172, München 3. Aufl., München 1972, S. 214.
[4] Forschungs- und technologiepolitisches Gesamtkonzept der Bundesregierung für kleine und mittlere Unternehmen, Fortschreibung 1979, Bonn 1979, S. 11.

strukturelles Innovationsdefizit auf, das ein Eingreifen des Staates in die Innovationstätigkeit der Wirtschaft rechtfertigt. Seine Argumentation lautet folgendermaßen: „Innovationen beziehen sich auf neue Güter, d.h. auf Produkte, für die es noch gar keinen Markt gibt. Folglich gibt es für diese neuen Güter auch noch keine Preise. Erst wenn das ‚unternehmerische Innovationswagnis' eingegangen worden ist und wenn sich die auf den Markt geworfenen neuen Güter in vom Unternehmen kalkulierbare Nachfrage niederschlagen, beginnt das Marktsystem als ‚Produktionslenkungsinstrument' wirksam zu werden. Erst jetzt erfährt das Unternehmen, ob die im Produkt ‚eingebaute' neue Technologie vom Verbraucher bzw. Abnehmer akzeptiert oder abgelehnt wird ... Und es kann wohl angenommen werden, daß der Markt bestenfalls Verbesserungsinnovationen bei bereits bekannten Produkten, aber keine völlig neuen Produkte und Verfahren anregt."[5] Der vorgenannte Autor verkennt oder unterschätzt, daß fast jedes in die Zukunft gerichtete Handeln von Unternehmern — und zwar auch bei bereits marktgängigen Erzeugnissen — unter Unsicherheit (über die Entwicklung der Nachfrage und der Marktpreise, die Amortisation von Investitionen etc.) erfolgt und mehr oder weniger ein unternehmerisches Wagnis ist. In der Erwartung, daß erfolgreiche Innovationen die Rentabilität verbessern, und unter dem Druck des Wettbewerbs werden privatwirtschaftliche Unternehmen in der Regel sowohl angereizt als auch gezwungen, nach betriebswirtschaftlich optimaler Kombination der Produktionsfaktoren zu streben, was oft zu einer ständigen Suche nach neuen Kombinationen der Inputfaktoren und letztlich zu qualitativ und quantitativ verbesserten Outputs führt. Die Unternehmen werden danach streben, den relativ teuersten Produktionsfaktor durch einen billigeren Faktor zu substituieren. Sind beispielsweise in einer Volkswirtschaft mit relativ hohem Lohnniveau die Arbeitskosten im Verhältnis zu den Kosten der Kapitalnutzung hoch, so werden arbeitssparende Prozeßinnovationen angeregt. Die Innovationstätigkeit in Form von Prozeßinnovationen wird also über die Höhe bzw. Veränderung der relativen Preise der Kostengüter durch den Marktmechanismus gesteuert. Desgleichen erfolgt eine marktmäßige Steuerung von Produktinnovationen in Orientierung an den tatsächlichen Kostenpreisen der Rohstoffe oder anderer Inputgüter bzw. an den erwarteten Veränderungen der relativen Preise auf den Beschaffungsmärkten. Rechnen die Unternehmen z.B. mit langandauernden Preissteigerungen für einen bestimmten Rohstoff (z.B. Holz), so werden sie gegebenenfalls zu Produktinnovationen in Form der Entwicklung eines kostengünstigeren Substitutionsproduktes (z.B. eines Kunststoffes) angeregt. Hinz übersieht die Impulse, die von den Beschaffungsmärkten auf die Innovationstätigkeit der Unternehmen ausgehen können. Er blickt lediglich auf den potentiellen Absatzmarkt und konstatiert, daß es dort bei noch fehlender Nachfrage und nicht vorhandenen Marktpreisen kaum zu Produktinnovationen mit weitrei-

---

[5] H. *Hinz,* Technischer Wandel und Innovationspolitik kontra Marktwirtschaft?, in: Kaufer/Hinz/Hoppmann: Innovationspolitik und Wirtschaftsordnung, FIW-Schriftenreihe, Heft 88, Köln—Berlin—Bonn—München 1974, S. 197.

chender Wirkung kommt und somit wegen Marktversagens der Staat das angebliche Innovationsdefizit zu beseitigen hat. Er empfiehlt eine innovationspolitische Doppelstrategie. Danach soll die staatliche Innovationspolitik die Produktinnovationen, die — wie er annimmt — infolge neuer Güterproduktionen das Arbeitsvolumen in der Volkswirtschaft erhöhen und die Rate der Arbeitslosigkeit vermindern, kräftig fördern. Dagegen sollten Prozeßinnovationen, die den Arbeitsaufwand für ein bestimmtes Produktionsvolumen vermindern, nur „gebremst" gefördert werden. Zu fordern sei „von den Unternehmern, die Minderung von Rationalisierungsgewinnen vorübergehend in Kauf zu nehmen, wenn anders beschäftigungspolitische Ziele verletzt werden".[6] Hier schimmert die bekannte gewerkschaftliche These von der „Wegrationalisierung von Arbeitsplätzen" einmal mehr auf. Dabei wäre zu klären, ob und gegebenenfalls inwieweit technischer Fortschritt in Form von Prozeßinnovationen nachweislich zu verstärkter Arbeitslosigkeit geführt hat. Geht man davon aus, daß sich ein derartiger technischer Fortschritt durchweg in steigender Arbeitsproduktivität niederschlägt, so zeigt sich folgendes: In Zeiten einer hohen Steigerung der Arbeitsproduktivität hat in der Vergangenheit die Arbeitslosigkeit kaum zugenommen, dagegen ist sie in Phasen verminderten Produktivitätswachstums merklich angestiegen. So belief sich in der Bundesrepublik Deutschland zwischen 1960 und 1973 — also in einem Zeitraum, in dem (abgesehen von dem Konjunktureinbruch 1966/67) ein relativ hoher Beschäftigungsstand herrschte — die durchschnittliche jährliche Steigerung der gesamtwirtschaftlichen Arbeitsproduktivität noch auf 4,4 Prozent. Dagegen betrug der Anstieg der volkswirtschaftlichen Arbeitsproduktivität von 1973 bis 1981 — also in einer Phase zunehmender Arbeitslosigkeit — nur noch 2,6 Prozent.[7] Eine Analyse der sektoralen Entwicklung zeigt ebenfalls, daß „die Beschäftigungsverluste in denjenigen Sektoren des verarbeitenden Gewerbes vergleichsweise gering (waren), in denen die durchschnittliche Arbeitsproduktivität durch Einführung technischer Neuerungen relativ stark anstieg. Beschäftigungsverluste sind vor allem und besonders ausgeprägt in solchen Sektoren aufgetreten, in denen der Zuwachs der Arbeitsproduktivität vergleichsweise gering war und die — nicht zuletzt deswegen — in besonderem Maße dem Druck ausländischer Konkurrenz ausgesetzt waren."[8] Zur Verminderung der gegenwärtig relativ hohen Arbeitslosigkeit in den entwickelten Volkswirtschaften erscheint also keineswegs eine Strategie angebracht, die auf eine Dämpfung des technischen Fortschritts abzielt. Im Gegenteil, es gilt dem technischen Fortschritt freie Bahn zu gewähren. Das bedeutet jedoch nicht, daß der Staat eine ausgedehnte direkte Innovationsförderung mittels vielfältiger Subventionen betreiben muß. Eventu-

---

[6] H. *Hinz*, Technischer Wandel und Innovationspolitik kontra Marktwirtschaft?, a.a.O., S. 33.
[7] Vgl. G. F. *Hecker*, Die Produktivität in der Bundesrepublik, Japan und den USA im Vergleich, in: Wirtschaftsdienst, Nr. 9/1982, S. 434.
[8] M. *Neumann*, Mehr Strukturwandel zur Überwindung der Wachstumsschwäche, in: Volkswirtschaftliche Korrespondenz der Adolf-Weber-Stiftung, Nr. 9/1984, S. 1.

ell reicht es aus, wenn der Staat die Rahmenbedingungen für Innovationen verbessert und damit indirekt die Innovationstätigkeit fördert.

IV. Arten der Innovationspolitik

In der wirtschaftspolitischen Praxis tritt die Innovationspolitik in zwei Ausprägungen auf, und zwar als allgemeine und als selektive Innovationspolitik. Während die allgemeine Innovationspolitik darauf abzielt, die Innovationstätigkeit in der gesamten Wirtschaft und damit das volkswirtschaftliche Wachstum anzuregen, erstreckt sich die selektierende Innovationspolitik nur auf bestimmte Wirtschaftsbereiche und versucht, über deren Entwicklungsbeeinflussung sektorale und auch gesamtwirtschaftliche Wachstums- und Strukturanpassungs-Effekte zu erzielen. Im Rahmen der Wachstumspolitik kommt der allgemeinen Innovationspolitik hauptsächlich die Aufgabe zu, die Wachstumsbedingungen der Volkswirtschaft über die Schaffung eines wachstumsfördernden Innovationsklimas zu verbessern. Dagegen gehört es zu den wesentlichen Aufgaben der selektiven Innovationspolitik, die als Teil der sektoralen Strukturpolitik zu betrachten ist, die strukturelle Anpassungsfähigkeit von Wirtschaftszweigen zu verbessern sowie unter bestimmten Bedingungen innovative Prozesse in Schrittmacherbereichen voranzutreiben sowie die Breitenwirkung von Innovationen zu fördern. Zu den Bedingungen bzw. Voraussetzungen einer Innovationsförderung gehören z. B. mangelnde Finanzierungsmöglichkeiten. Manchmal kann der Kapitalbedarf für eine volkswirtschaftlich bedeutsame Innovation die Finanzkraft eines einzelnen Unternehmens übersteigen und auch kaum durch eine Fremdfinanzierung gesichert werden. In der Regel ist die bankmäßige Kreditgewährung um so schwieriger, je höher die spezifischen Risiken einer Innovation sind und je länger die Zeitspanne bis zur Ausarbeitung marktmäßig verwertbarer Lösungen ist.

Die nachfolgende Analyse erstreckt sich nur auf die Probleme, Ziele und Instrumente der selektiven Innovationspolitik, und zwar soweit sie die gewerbliche Wirtschaft betreffen.

V. Bezugsrahmen sektorale Strukturpolitik

Die selektive Innovationspolitik ist konzeptionell in die sektorale Strukturpolitik integriert, wobei allerdings über die angestrebte Wachstumsstimulierung auch Wirkungszusammenhänge mit der Konjunkturpolitik zu beachten sind. Bezugsrahmen für die selektive Innovationspolitik in der Bundesrepublik Deutschland sind demnach die Leitlinien der sektoralen Strukturpolitik, wie sie vor allem in den „Grundsätzen der sektoralen Strukturpolitik"[9] und in verschiedenen Strukturberichten der Bundesregierung festgelegt worden sind.

---

[9] Die 1966 im Bundesministerium für Wirtschaft erarbeiteten „Grundsätze der sektoralen Strukturpolitik" (veröffentlicht im Ministerialblatt des Bundesministers für

Selektive Innovationspolitik im Rahmen sektoraler Strukturpolitik 43

Nach Auffassung der politisch-staatlichen Entscheidungsträger in der Bundesrepublik Deutschland hat sich die sektorale Strukturpolitik prinzipiell in den Ordnungsrahmen der Marktwirtschaft einzufügen.[10] Sie darf die Marktsteuerung, die im Ergebnis auch strukturbildend wirkt, nicht außer Kraft setzen, sondern sie soll im Gegenteil die marktwirtschaftlichen Funktionsbedingungen durch Erhöhung der Mobilität der Produktionsfaktoren und Förderung der strukturellen Anpassungsfähigkeit verbessern.[11] Damit ist eine eindeutige ordnungspolitische Entscheidung für eine marktkonforme Strukturpolitik und gegen eine imperative Planung der sektoralen Wirtschaftsstruktur getroffen worden. Alle Bundesregierungen haben bisher auch eine indikative Planung der gesamten Wirtschaftsstruktur abgelehnt, nicht zuletzt, weil erfahrungsgemäß (siehe das Beispiel der französischen sektoralen Programmierung) von richtungsweisenden quantitativen Zielvorgaben, die meist in der Realität nicht erreicht werden, massive Forderungen der Wirtschaftszweige nach Subventionierung ausgehen und Interventionsspiralen in Gang kommen. Trotz Ablehnung einer indikativen Strukturplanung für die Gesamtwirtschaft werden aber in begründeten Ausnahmefällen für bestimmte Basisindustrien (z. B. für die Energiewirtschaft) oder für Problembereiche (z. B. für die Landwirtschaft) quantifizierte Zielformulierungen seitens des Staates für notwendig und ordnungspolitisch für vertretbar gehalten. Die Konzeption der sektoralen Strukturpolitik der Bundesregierung erlaubt also nicht nur eine reaktive Strukturpolitik, die vollzogene Strukturwandlungen hinnimmt und nur ex post den sektoralen Anpassungsprozeß zu erleichtern versucht, sondern auch eine antizipative Strukturpolitik, die anhand quantitativer Zielvorstellungen auf einer begrenzten Zahl von Wirtschaftssektoren den Strukturwandel ex ante zu beeinflussen und indirekt zu steuern bestrebt ist. Dieses ordnungspolitische Zugeständnis ist besonders wichtig für eine selektive Innovationspolitik, die ohne Vorausschätzungen möglicher technologischer Trends und darauf basierender ökonomischer Entwicklungen nicht auskommen kann.

Bei der sektoralen Strukturpolitik fällt es schwer, aus den teilweise nur vagen Zielandeutungen klare Ziele herauszufiltern und eine operationale Zielfunktion aufzustellen. Während in der Konjunkturpolitik die relativ wenigen Ziele zumindest in ihrem Kern eindeutig umrissen und in globalen Zielprojektionen sogar in quantifizierter Form gefaßt sind, werden in der sektoralen Strukturpolitik meist eine Vielzahl von Branchenzielen unter ein mehr oder weniger vage formuliertes strukturpolitisches Oberziel subsumiert. Um zu einer operationa-

---

Wirtschaft, Nr. 23/1966) wurden vollinhaltlich von der Bundesregierung der Großen Koalition 1968 übernommen (Grundsätze der sektoralen Strukturpolitik. Neufassung, Bundestagsdrucksache V/2469) und sind seitdem unverändert von jeder nachfolgenden Bundesregierung als gültige Leitlinie bestätigt worden.

[10] Vgl. Strukturbericht der Bundesregierung 1969, Bundestagsdrucksache V/4564, S. 4.

[11] Vgl. Jahreswirtschaftsbericht der Bundesregierung 1976, Bundestagsdrucksache 7/4677, S. 17.

len Zielfunktion, die auch Voraussetzung für eine exakte Erfolgskontrolle wäre, zu gelangen, müßten die branchenmäßigen Zielbündel in ihrer relativen Bedeutung untereinander bestimmt und quantifiziert werden. Unter Beachtung der Zielbeziehungen müßte dann versucht werden, eine optimale Zielfunktion aufzustellen. Da die meisten sektoralen und strukturpolitischen Ziele nur verbal formuliert — also qualitativer Art — sind und sich oft kaum oder nur willkürlich quantifizieren lassen, erscheint die Aufstellung einer operationalen Zielfunktion in der sektoralen Strukturpolitik kaum möglich. Eingedenk dieser Problematik wird häufig Strukturpolitik einfach mit Wachstumspolitik gleichgesetzt, nicht zuletzt deshalb, um mit dem bestimmbaren Ziel „Wirtschaftswachstum" den Problemen einer aus heterogenen Teilzielen zusammengesetzten Zielfunktionsbestimmung zu entgehen. Auch die strukturpolitischen Entscheidungsträger in der Bundesrepublik Deutschland neigen — wenngleich sicher nicht aus wirtschaftstheoretischen Zielbestimmungsgründen — dazu, die Strukturpolitik in etwa mit Wachstumspolitik gleichzusetzen. So wird z. B. in einem der Strukturberichte ausgeführt: „Die Bundesregierung fördert und erleichtert den Strukturwandel und den technischen Fortschritt; deshalb ist die Strukturpolitik der Bundesregierung vor allem Wachstumspolitik. Dabei sind selbstverständlich gesellschaftliche und soziale Ziele mitbestimmend."[12] Etwas detaillierter und über die globale Wachstumsorientierung hinausgehend sind die Ziele der sektoralen Strukturpolitik in einem anderen Strukturbericht bestimmt worden, in dem es heißt: „Die Ziele der Strukturpolitik im Bereich der sektoralen Struktur der gewerblichen Wirtschaft ergeben sich aus der Notwendigkeit, dazu beizutragen, daß

— die Wirtschaftszweige an unumgängliche Strukturwandlungen angepaßt und damit freiwerdende Produktionsfaktoren in günstigere Verwendungen überführt werden (Anpassung);

— für den gesamtwirtschaftlichen Fortschritt wichtige zukunftssichernde Produktionen entwickelt werden (Zukunftssicherung)".[13]

Demnach sind in der sektoralen Strukturpolitik der Art nach sowohl Strukturanpassungsziele als auch im Hinblick auf die innovatorische Zukunftssicherung Strukturgestaltungsziele zu verfolgen. Strukturerhaltungsziele sollen dagegen grundsätzlich nicht angestrebt werden. Allerdings soll es erlaubt sein, Anpassungsvorgänge zu verlangsamen, „wenn ein sich selbst überlassener Vorgang zu überstürzen und damit zu krisenhaften Entwicklungen zu führen droht".[14] Hier ist — wie sich auch in der praktizierten Strukturpolitik vielfach gezeigt hat — ein Einfallstor aufgestoßen worden, durch das hindurch alle möglichen Strukturerhaltungsziele — getarnt als zeitlich gestreckte Anpassungsziele — anvisiert

---

[12] Strukturbericht der Bundesregierung 1970, Bundestagsdrucksache VI/761, S. 7.
[13] Strukturbericht der Bundesregierung 1969, a. a. O., S. 4.
[14] Grundsätze der sektoralen Strukturpolitik, Neufassung, Bundestagsdrucksache V/2469, S. 3.

worden sind; denn es war nicht schwer, nahezu jedes verkappte Strukturerhaltungsziel der Gegenwart als zeitlich begrenzte Etappe zum Strukturanpassungsziel der Zukunft zu deklarieren.

In den Grundsätzen der sektoralen Strukturpolitik werden die Instrumente und Methoden in zwei Gruppen eingeteilt, und zwar in die Mittel zur allgemeinen Förderung des Strukturwandels und in besondere staatliche Anpassungshilfen. Bei der ersten Gruppe wird davon ausgegangen, daß der Staat den Strukturwandel fördert, indem er „die Rahmenbedingungen für den Wirtschaftsablauf transparent macht, Anpassungshemmnisse abbaut und das wirtschaftlich relevante Recht entsprechend gestaltet".[15] Von den allgemeinen Maßnahmen — die man eigentlich auch der Ordnungspolitik zurechnen könnte — erhoffen sich die strukturpolitischen Instanzen eine vorbeugende Wirkung, so daß es erst gar nicht zu krisenhaften Anpassungsproblemen im Zuge des Strukturwandels kommt. Die spezifischen staatlichen Hilfen und Eingriffe, die der Anpassung von Wirtschaftszweigen an den Strukturwandel dienen sollen, müssen gemäß den Grundsätzen an folgende Bedingungen geknüpft werden:

(a) Anlässe für Strukturhilfen müssen volkswirtschaftliche Datenänderungen sein, die dazu führen, daß der ganze Wirtschaftszweig in Schwierigkeiten kommt. Damit soll ausgeschlossen werden, daß der normale wettbewerbliche Ausleseprozeß, der schlecht wirtschaftende Unternehmen in Schwierigkeiten bringt und zur Ausscheidung von Grenzanbietern führt, schon zum Anlaß für staatliche Hilfen und Eingriffe genommen wird.

(b) Die staatliche Unterstützung soll prinzipiell nur Hilfe zur Selbsthilfe sein und nur dann gewährt werden, wenn Aussicht besteht, daß die Wettbewerbsfähigkeit des betroffenen Wirtschaftszweiges damit erreicht wird. „Sie darf auf keinen Fall der Erhaltung dienen."[16] Hilfebegehrende Unternehmen haben nachzuweisen, daß sie zuvor ihre eigene finanzielle Leistungsfähigkeit und alle Möglichkeiten der Kapital- und Kreditbeschaffung — auch unter Nutzung eventuell bestehender Konzernverflechtungen — in zumutbarem Umfange ausgeschöpft haben.

(c) Die staatlichen Strukturhilfen sollen zeitlich befristet und degressiv gestaltet werden und dürfen die Funktionsfähigkeit des Wettbewerbs nicht beeinträchtigen. Da nicht definiert ist, was funktionsfähiger Wettbewerb ist, hängt das Postulat von der Wahrung der Funktionsfähigkeit des Wettbewerbs quasi in der Luft. An der unbestimmten ordnungspolitischen Grenzziehung für staatliche Strukturhilfen und Eingriffe offenbart sich eine der wesentlichen Schwächen der nur vage formulierten Grundsätze der sektoralen Strukturpolitik.

Von der Konzeption her ist die sektorale Strukturpolitik im Kern als Innovationsförderung gedacht. Zum einen sollen Anpassungen an Struktur-

---
[15] Grundsätze der sektoralen Strukturpolitik, a.a.O., S. 2.
[16] Ebenda, S. 4.

wandlungen und die damit verbundenen Umstellungsprozesse mittels Investitionshilfen für Rationalisierungen und die Anwendung innovativer Produktionsmethoden erleichtert und zum anderen sollen Produktinnovationen mit gesamtwirtschaftlicher Breitenwirkung gefördert werden. Allerdings klaffen — wie sich nachweisen läßt[17] — Konzeption und Wirklichkeit der sektoralen Strukturpolitik weit auseinander; denn entgegen der deklarierten (weitgehend marktkonformen) Strukturanpassungspolitik haben die strukturpolitischen Instanzen sowohl in der Bundesrepublik Deutschland als auch in der Europäischen Gemeinschaft (EG) eine überwiegend neomerkantilistische Branchenschutz- und sektorale Strukturerhaltungspolitik betrieben. Die sektorale Strukturpolitik hat weniger die technologischen Schrittmacherbereiche der Wirtschaft gefördert, sondern sich vor allem auf die Problem- und Schrumpfungsbereiche konzentriert und versucht, hauptsächlich mittels schnellwirksamer Erhaltungssubventionen oder anderer besitzstandssichernder Interventionen gefährdete Brancheneinkommen und Arbeitsplätze entgegen den Markttendenzen zu sichern. Nicht zuletzt wegen dieser offensichtlichen strukturkonservierenden Schlagseite, welche die sektorale Strukturpolitik vielfach mit dem Odium ordnungspolitischer Inkonformität belastet, konnte sich eine — auch trägermäßig[18] — spezielle Innovationspolitik entwickeln. Konzeptionell soll die Innovationspolitik als Teil der Forschungs- und Technologiepolitik zwar weiterhin primär strukturpolitischen Zielen dienen, praktisch führt die Technologiepolitik aber längst ein Eigenleben mit vielfach anderen Zielsetzungen und spezifischem Instrumentarium.

VI. Konzeption selektiver Innovationspolitik

Eine Konzeption ist eine Zusammenfassung und möglichst widerspruchsfreie Verknüpfung von langfristig bedeutsamen Zielen sowie zielkonformen Instrumenten und Methoden zu einem operationalen Leitbild, an dem sich die Handlungen der politisch-staatlichen Instanzen zu orientieren haben.

Da in der praktizierenden Politik nur selten operationale Ziele vorfindbar sind, muß man sich häufig mit vagen Zielandeutungen begnügen oder, davon ausgehend, versuchen, die tatsächlich anzustrebenden Ziele ausfindig zu machen. Dieses trifft auch zu auf die selektive Innovationspolitik, deren Ziele nur auf interpretatorischem Wege gefunden werden können.

---

[17] Vgl. H.-R. *Peters,* Konzeption und Wirklichkeit der sektoralen Strukturpolitik in der Bundesrepublik Deutschland, in: Bombach/Gahlen/Ott: Probleme des Strukturwandels und der Strukturpolitik, Schriftenreihe des Wirtschaftswissenschaftlichen Seminars Ottobeuren, Bd. 6, Tübingen 1977, S. 119ff.

[18] In der Bundesrepublik Deutschland hat sich das Bundesministerium für Forschung und Technologie (BMFT) immer mehr zum Hauptträger und Koordinator selektiver Innovationspolitik entwickelt, während die Bedeutung anderer Bundesministerien als Träger bzw. Betreuer fachbezogener Forschung eher zurückgegangen ist.

Nach dem Bundesbericht Forschung 1984 betrachtet die Bundesregierung als die großen Ziele der Forschungs- und Technologiepolitik, die mit neuen Akzenten weiterverfolgt werden sollen

„— die Erweiterung und Vertiefung der wissenschaftlichen Erkenntnis,
— die Ressourcen- und Umweltschonung sowie menschengerechte Lebens- und Arbeitsbedingungen und
— die Steigerung der wirtschaftlichen Leistungs- und Wettbewerbsfähigkeit".[19]

Insbesondere aus den beiden letzten Zielkomponenten lassen sich Anhaltspunkte für die Zielbestimmung der selektiven Innovationspolitik gewinnen.

Es kann davon ausgegangen werden, daß Ressourcen- und Umweltschonung sowie Steigerungen der wirtschaftlichen Leistungs- und Wettbewerbsfähigkeit nicht um ihrer selbst willen angestrebt werden. Dieses sind allenfalls Zwischenziele für das dahinterstehende Wohlfahrtsziel. Soll der Volkswohlstand gesteigert werden, so ist ein möglichst hohes Volkseinkommen bzw. Bruttosozialprodukt zu erwirtschaften (quantitatives Wirtschaftswachstum), und zwar unter Beachtung notwendiger Ressourcen- und Umweltschonung (qualitatives Wachstum).

Unter heutigen Entwicklungsbedingungen läßt sich Wirtschaftswachstum, das in der Regel mit ökonomischem Strukturwandel einhergeht und strukturelle Wandlungen voraussetzt, im wesentlichen nur durch technischen Fortschritt erreichen. Zwischen technologischem und ökonomischem Wandel bestehen meist Wechselbeziehungen, indem technischer Fortschritt ökonomischen Strukturwandel nach sich zieht, der hinwiederum technologischen Wandel in Form von Anpassungen in der Produktion und am Arbeitsplatz notwendig macht.

Um das Wohlfahrtsziel zu erreichen, müssen also optimale Voraussetzungen für den technischen Fortschritt und die Anpassung der Wirtschaftssubjekte an den technologischen und ökonomischen Strukturwandel geschaffen werden. Gegebenenfalls sind spezifische Förderungsmaßnahmen, welche die Lebens- und Arbeitsbedingungen in den verschiedenen Regionen und Gewerbezweigen sowie die strukturelle Anpassungsfähigkeit der Wirtschaftssubjekte verbessern, erforderlich.

Daraus lassen sich für eine selektive Innovationspolitik folgende wesentliche Ziele ableiten. Diese soll zur Steigerung der ökonomischen Leistungs- und Wettbewerbsfähigkeit und zur Verbesserung der Lebens- und Arbeitsbedingungen

— den technischen Fortschritt in Form von Innovationen unter Beachtung von Erfordernissen der Ressourcen- und Umweltschonung in ausgewählten Bereichen vorantreiben und

---

[19] Bundesminister für Forschung und Technologie (Hrsg.): Bundesbericht Forschung 1984, Bonn 1984, S. 3.

— die Fähigkeit und Willigkeit der Wirtschaftssubjekte, sich an den ökonomischen und technologischen Wandel in den Wirtschaftssektoren und Regionen anzupassen, fördern.

Hinsichtlich der anzuwendenden Methoden staatlicher Innovationsförderung wird im vorgenannten Bundesforschungsbericht folgendes ausgeführt: „In einer marktwirtschaftlichen Ordnung ist industrielle Forschung, Entwicklung und Innovation originäre Aufgabe der Unternehmen. Im Hinblick auf ihre Stellung am ' Markt und wegen des eigenverantwortlichen Kapitaleinsatzes müssen diese selbst entscheiden, mit welcher Zielrichtung und in welchem Umfang sie forschen und entwickeln. Staatliche Forschungs- und Technologiepolitik darf nicht die Produktionsstruktur der Wirtschaft in bestimmte Bahnen lenken wollen. Alle staatlichen Maßnahmen zur Förderung von Forschung, Entwicklung und Innovation in der Wirtschaft werden daher nach dem Grundsatz der Subsidiarität konzipiert und durchgeführt. Es geht vor allem darum, die Eigeninitiative der Unternehmen und die Antriebskräfte des Marktes zu stärken."[20]

Hinsichtlich der Instrumente zur Förderung von Forschung und Entwicklung (FuE) sowie Innovation sollen je nach Förderziel und Diagnose Mittel der indirekten und direkten Förderung angewendet werden, wobei den Instrumenten indirekter Förderung — sofern dieses möglich ist — der Vorzug gegeben werden soll.[21]

Nach Auffassung der amtierenden Bundesregierung „(ist) direkte Projektförderung dort angebracht, wo punktuelle Lösungen angestrebt werden und wo andere Förderungsverfahren zu wenig zielgerichtet oder zu aufwendig wären. Die direkte Förderung kommt dann in Frage, wenn das technisch-wissenschaftliche und wirtschaftliche Risiko hoch ist, der finanzielle Einsatz für die in Frage kommenden Unternehmen zu groß, und auf absehbare Zeit der Markt die neuen technologischen Lösungen nicht von selbst erbringen wird. Daneben kommt dieses Förderinstrument in Bereichen staatlicher Daseins- und Zukunftsvorsorge (z. B. Sicherheits-, Umwelt- und Gesundheitsforschung) zur Anwendung."[22]

Der Konzeption nach soll der selektiven Innovationspolitik also lediglich eine ergänzende Funktion zur allgemeinen Forschungs- und Technologiepolitik zukommen. Aber wie so oft in der praktischen Handhabung klaffen Konzeption und Wirklichkeit noch weit auseinander, wobei den politisch-staatlichen Instanzen fairerweise zugestanden werden muß, daß eine Wende in der Forschungs- und Technologiepolitik eine gewisse Anpassungszeit braucht. Schließlich kann man mit staatlicher Hilfe begonnene Vorhaben nicht durch abrupten Förderentzug in der Luft hängen lassen. Dennoch lehrt die Erfahrung, daß staatliche Verwaltungen — selbst bei programmatischem Politikwechsel —

---

[20] Bundesbericht Forschung, 1984, a.a.O., S. 40.
[21] Vgl. ebendort, S. 44.
[22] Ebendort, S. 44 f.

Selektive Innovationspolitik im Rahmen sektoraler Strukturpolitik

aufgrund ihres ausgeprägten Beharrungsvermögens dazu neigen, in eingefahrenen Bahnen weiter zu gleiten.

VII. Elemente selektiver Innovationspolitik

Eine so konzipierte selektive Innovationspolitik bedarf vor allem folgender Elemente:

— Methoden zur Auffindung sektoraler Innovationsdefizite
— Ursachen-Analysen von Innovationsschwächen
— Strukturprognosen über die technologische Entwicklung
— Abschätzungen von Technologiefolgen
— Kriterien für die Prioritätensetzung
— zieladäquate Instrumente
— Zielkonformität und Erfolgskontrolle

1. Methoden zur Auffindung sektoraler Innovationsdefizite

Zum Aufspüren sektoraler Innovationsdefizite benötigt man Methoden bzw. Kriterien, die Vergleiche über das Ausmaß, die Intensität sowie die Richtung und die Reichweite der Innovationstätigkeit in den verschiedenen Wirtschaftsbereichen der einheimischen Volkswirtschaft und mit ähnlich entwickelten und strukturierten Volkswirtschaften im Ausland ermöglichen.

Um Innovationsdefizite sichtbar zu machen bieten sich hauptsächlich drei Hilfsmittel an:
(a) die Produktivitätsentwicklung
(b) die Aufwendungen für Forschung und Entwicklung
(c) die Patentbilanz

Generell läßt sich Produktivität definieren als das Verhältnis von Aufwand zu realwirtschaftlichem Erfolg oder anders ausgedrückt das Verhältnis von Output zu Input im Rahmen von Produktionsprozessen. Dabei läßt sich unterscheiden zwischen totalen Faktorproduktivitäten und partiellen Faktorproduktivitäten. Im ersteren Fall werden alle zur Herstellung eines bestimmten Gutes notwendigen Input-Faktoren in gewichteter Form einbezogen, im letzteren Fall wird nur ein spezifischer Input-Faktor (z. B. Arbeit, Kapital oder Energie) als Analyse-Größe herangezogen. Zu den meistverwendeten partiellen Produktivitäten gehört die Arbeitsproduktivität, die oft mit Produktivität schlechthin gleichgesetzt wird. Berechnungen der Arbeitsproduktivität, die das Verhältnis des Produktionsergebnisses zum Einsatz des Produktionsfaktors Arbeit widerspiegeln, dienen sowohl als Grundlage für Schätzungen der Nachfrage nach Arbeitskräften als auch zur Quantifizierung des technischen Fortschritts. Die üblichen Meßkonzepte der Arbeitsproduktivität, die sich oft nur als simple Pro-Kopf-Berechnungen erweisen, haben jedoch nur einen beschränkten Aussagewert. Da meist detailliertes Datenmaterial über die unterschiedliche Qualifikation der Arbeitskräfte fehlt, wird dann einfach die Homogenität des Produktionsfaktors Arbeit unterstellt. Zudem ist bei Mehrfaktoreneinsatz und ungelösten Zurechnungsproblemen vor kausalen Interpretationen, die Produktivitätssteigerung lediglich dem Faktor Arbeit zuschreiben, zu warnen. Wenn z. B. Kapital und Arbeit als Produktionsfaktoren eingesetzt werden, kann sich zeigen, „daß das Wachstum des Outputs als Folge des gesamten Inputwachstums größer ist als die Summe der Outputzuwächse, die errechnet werden, indem man jeweils einen Input (bei Konstanz der jeweils anderen Inputs) variiert. Das Wachstum des einen Inputs erhöht den marginalen Beitrag der anderen Inputs."[23] Aufgewiesene Steigerungen der Arbeitsproduktivität können eventuell nur scheinbar arbeitsbedingte Produktivitätssteigerungen sein, weil der Einsatz und/oder die Qualität der anderen Produktionsfaktoren im Produktionsprozeß nicht gleich geblieben sind. Da es nicht Aufgabe dieses Referates sein kann, alle ungelösten Meßprobleme der Produktivität zu erörtern, müssen die vorgenannten Hinweise genügen.

Die Entwicklung der sektoralen Arbeitsproduktivität in verschiedenen Ländern (in konstanten Preisen des jeweiligen Landes, 1970 = 100) zeigt folgendes Bild:*)

Bemerkenswert ist, daß die Arbeitsproduktivitäten der Landwirtschaft und des tertiären Sektors in der Bundesrepublik Deutschland im Betrachtungszeitraum beträchtlich stärker als in den USA gestiegen sind. Allerdings muß beachtet werden, daß die Wachstumsraten der Arbeitsproduktivität nicht unabhängig von dem erreichten Niveau der Produktivität sind. In den USA dürften die Rationalisierungsreserven auf den vorgenannten Sektoren bereits weitgehend ausgeschöpft sein.

Beim Vergleich der Produktivitätszuwächse im verarbeitenden Gewerbe schneidet die Bundesrepublik Deutschland gegen den USA besser und gegenüber Japan schlechter ab. Der gesamtwirtschaftliche Produktivitätsanstieg Japans wurde aber durch die schwächere Zunahme der Arbeitsproduktivitäten der dortigen Landwirtschaft und des Dienstleistungssektors gebremst.

In der internationalen Diskussion über teilweise stagnierende Produktivitäten oder sich abschwächende Zuwachsraten der Arbeitsproduktivität werden die verschiedensten Gründe angeführt. So wird auf den bereits erreichten hohen Stand der Rationalisierung, der auf manchem Sektor kaum noch Rationalisierungsreserven zu enthalten scheint, hingewiesen. Ferner werden die strukturellen Verschiebungen genannt, die Arbeitskräfte vom sekundären Sektor (mit in der Vergangenheit relativ hohen Zuwachsraten der Arbeitsproduktivität) zum tertiären Sektor (mit beschränkten Rationalisierungsmöglichkeiten in vielen Dienstleistungsbereichen) geführt haben. Nicht zuletzt wird ein Mangel an

---

[23] M. *Supper,* Zur Diskussion „Produktivitätsmessung", in: Wirtschaftspolitische Blätter, Nr. 3/1984, S. 336 f.

	Bundesrepublik Deutschland	Japan	USA
Landwirtschaft			
1970	100,0	100,0	100,0
1973	129,8	143,0	102,4
1978	164,3	151,4	110,2
1980	170,6	–	120,1
Verarbeitendes Gewerbe			
1970	100,0	100,0	100,0
1973	113,0	124,9	116,9
1978	134,5	171,0	131,8
1980	139,2	–	129,0
Tertiärer Sektor			
1970	100,0	100,0	100,0
1973	108,5	118,3	101,4
1978	123,4	129,7	104,3
1980	129,1	–	104,7
Gesamtwirtschaft			
1970	100,0	100,0	100,0
1973	111,9	123,9	104,4
1978	130,8	141,8	107,7
1980	136,1	151,8	106,8

*) Quelle: *Hecker*, G. F.: Die Produktivität in der Bundesrepublik, Japan und den USA im Vergleich, in: Wirtschaftsdienst, Nr. 9/1982, S. 436.

unternehmerischem Pioniergeist, der für fehlende Innovationen verantwortlich gemacht wird, beklagt. Sicherlich hat auch die staatliche Strukturpolitik, die entgegen ihrer verkündeten anpassungs- und mobilitätsorientierten Konzeption überwiegend strukturkonservierend gewirkt hat[24], nicht wenig dazu beigetragen, daß sich der produktivitätsfördernde Strukturwandel verzögerte.

Bei den Aufwendungen für Forschung und Entwicklung bietet sich nach dem Bundesforschungsbericht 1984 folgendes Bild:[25] Im Bereich der Wirtschaft der Bundesrepublik Deutschland wurden 1983 rd. 32 Mrd. DM für FuE eingesetzt. Davon entfiel der größte Teil des Mitteleinsatzes auf das forschungs- und entwicklungsintensive Investitionsgütergewerbe, wozu insbesondere Branchen wie Maschinenbau, Elektrotechnik, Feinmechanik und Optik sowie Straßenfahrzeugbau gehören.

[24] Vgl. H.-R. *Peters*, Grundlagen der Mesoökonomie und Strukturpolitik, Reihe UTB 1087, Bern u. Stuttgart 1981, S. 394 ff.; ferner H.-R. *Peters*, Grundlagen sektoraler Wirtschaftspolitik, 2. Aufl. Bern 1975.

[25] Bundesbericht Forschung 1984, a.a.O., S. 40 ff.

Von den gesamten Aufwendungen entfielen auf Unternehmungen mit weniger als 500 Beschäftigten nur rd. 13%, dagegen etwa ¾ der Aufwendungen auf Unternehmungen mit mehr als 2000 Beschäftigten. Es zeigt sich also eine starke Konzentration der FuE-Aufwendungen bei den größeren Unternehmungen. Bezogen auf den Umsatz ergibt sich allerdings ein anderes Bild, indem 1981 die kleinen Unternehmungen unter 50 Beschäftigte 7,4% ihres Umsatzes für FuE ausgaben und sich der Anteil dann mit zunehmender Unternehmensgröße bis 1,7% des Umsatzes in der Größenklasse von 1000 bis 10000 Beschäftigten verringerte. Jedoch stiegen die FuE-Aufwendungen bei den Großunternehmungen mit über 10000 Beschäftigten dann wieder auf 3,7% des Umsatzes an.

Anteil der FuE-Aufwendungen am Umsatz 1981 nach Größenklassen der Beschäftigten

FuE betreibende Unternehmungen	Anteil am Umsatz in v. H.
Beschäftigte	
unter 50	7,4
50 — 99	4,1
100 — 499	2,4
500 — 1 000	2,1
1 000 — 10 000	1,7
über 10 000	3,7

Etwas mehr als die Hälfte des Gesamtaufwandes für FuE sind Ausgaben für Personal, und zwar für Forscher (31,8%), technisches Personal (30,1%) und sonstiges Personal (38,1%). Der Anteil der Wissenschaftler und Ingenieure — also der eigentlichen Forscher — liegt bei den kleinen Unternehmen mit rd. ¼ der im FuE-Bereich Beschäftigten deutlich unter dem Anteil bei Großunternehmungen mit rd. ⅓ der dort im FuE-Bereich Beschäftigten. Der personelle Ausbau der wissenschaftlichen FuE-Kapazitäten in den Unternehmungen hat sich mit sinkenden Erträgen und rückläufigen Eigenkapitalquoten verlangsamt. Gemäß dem Bundesforschungsbericht 1984 betrugen die jährlichen Zuwachsraten Anfang der 70er Jahre noch durchschnittlich 6 bis 7% und liegen jetzt bei jährlich rd. 1 bis 1,5%. Als Vergleichszahl werden die entsprechenden Daten für Japan genannt, die zu Beginn der 70er Jahre mit 9 bis 10% und Anfang der 80er Jahre mit immerhin noch 5 bis 6% angegeben werden.

Zwar geben die vorgenannten Zahlenangaben ein ungefähres Bild vom Umfang und der Art der Aufwendungen für FuE, aber sie sagen natürlich noch nichts darüber aus, ob und inwieweit die Tätigkeiten im Bereich von Forschung und technischer Entwicklung der Unternehmungen erfolgreich waren, indem sie zu Produkt- und/oder Prozeßinnovationen geführt haben.

Selektive Innovationspolitik im Rahmen sektoraler Strukturpolitik   53

Dagegen spiegeln Patente schon eher den Erfolg von Forschung und technischer Entwicklung wider. So kann die Patentbilanz aufschlußreich für Innovationsvorsprünge oder eventuelle Innovationsdefizite einer Volkswirtschaft und bestimmter Wirtschaftsbereiche sein.

Das Ifo-Institut hat in seiner Strukturberichterstattung 1983 einen internationalen Vergleich der Patentaktivitäten auf der Basis der Patentanmeldungen im Ausland angestellt, wobei die Auswertung sich durch Begrenzung der Sachgebiete auf ca. 70% der Weltpatente erstreckte.

Patentanmeldungen im Ausland 1976–1981*)
(beschränkt auf bestimmte Sachgebiete)

Ländergruppe bzw. Land	Anzahl	v. H.
Europäische Gemeinschaften	692 449	45,3
davon		
Bundesrepublik Deutschland	325 573	21,3
Frankreich	121 834	8,0
Großbritannien	142 203	9,3
USA	470 819	30,8
Japan	153 253	10,0
Schweiz	68 535	4,5
übrige Welt	145 159	9,5
Insgesamt	1 530 213	100,0

*) **Quelle:** Ifo-Institut für Wirtschaftsforschung: Strukturwandel unter verschlechterten Rahmenbedingungen, Strukturberichterstattung 1983 von Wolfgang Gerstenberger u. a., Berlin-München 1983, S. 152 (Tabellenausschnitt).

In dem vorgenannten Zeitraum war also die Bundesrepublik Deutschland nach den USA der zweitgrößte Patentanmelder im Ausland. Die Bundesrepublik Deutschland erreichte innerhalb der EG fast die Hälfte und im Vergleich zu Japan über das Doppelte an Patentanmeldungen im Ausland. Dieses läßt eher auf einen Innovationsvorsprung als auf ein vielfach vermutetes Innovationsdefizit in der Bundesrepublik Deutschland schließen.

Ferner hat das Ifo-Institut einen internationalen Vergleich der sogenannten Schlüsselpatente — d.h. von Erfindungen, die weltweit mindestens 15mal zum Patent angemeldet wurden — vorgenommen.

Auch bei den Schlüsselpatenten nahm die Bundesrepublik Deutschland den zweiten Platz nach den USA ein. Die japanische Konkurrenz besitzt nur relativ wenig Schlüsselpatente.

Bei einer sektoralen Aufgliederung der Patentanmeldungen im Ausland für den Zeitraum 1976 bis 1981 zeigt sich, daß die Japaner einen Schwerpunkt ihrer Patentanmeldungen auf dem Gebiete der Elektronik haben. Betrachtet man die

Schlüsselpatente 1976–1981*)

Ländergruppe bzw. Land	Anzahl der Erfindungen	Prozentualer Anteil an den Schlüsselpatenten
Europäische Gemeinschaften	14 283	42,5
davon		
Bundesrepublik Deutschland	5 390	16,0
Frankreich	2 513	7,5
Großbritannien	3 666	10,9
USA	12 278	36,5
Japan	1 049	3,1
Welt insgesamt	33 595	100,0

*) **Quelle:** Ifo-Institut: Strukturberichterstattung 1983, a. a. O., S. 155 (Tabellenausschnitt).

ganze Breite wirtschaftlicher Betätigungsfelder, so kann von einer patentmäßigen Überflügelung der deutschen Wirtschaft durch die japanische Konkurrenz keine Rede sein. Wenn der Konkurrenzdruck der Japaner dennoch in der Bundesrepublik auf verschiedenen Sektoren als hart empfunden wird, so dürfte dieses vor allem an den niedrigeren Preisen liegen, welche die Japaner oft für qualitativ gleichwertige Produkte bieten können.

2. Ursachen-Analysen von Innovationsschwächen

Ist es gelungen, die ungefähren Innovationsdefizite der Branchen ausfindig zu machen, so bedarf es der Suche nach den Gründen für die Innovationsschwächen. Die Gründe für das Zurückbleiben in der Produktionsentwicklung, geringe FuE-Aufwendungen sowie eine negative sektorale Patentbilanz können vielfältig und von Branche zu Branche unterschiedlich sein. Es gibt Wirtschaftszweige — wie z. B. das Handwerk und Gaststättengewerbe —, die aufgrund der Art ihrer Dienstleistungen in ihrer Arbeitsproduktivität immer hinter weniger personalintensiven Bereichen hinterherhinken werden. Die Aufwendungen für FuE werden stets in Produktionsbereichen mit homogenen Standardwaren (wie z. B. Zement, Kalk usw.) oder gleichbleibenden Naturprodukten geringer sein als in Wirtschaftsbereichen mit beliebig veränderbaren Erzeugnissen, die schon allein unter dem Druck der Auslands- und Substitutionskonkurrenz ständig neue Produkte auf den Markt bringen müssen. Eine negative Patentbilanz, die noch nichts Konkretes über die Leistungsfähigkeit eines Wirtschaftszweiges aussagt, kann dadurch bedingt sein, daß die Unternehmen der betreffenden Branche sich finanziell jedes ausländische Patent leisten können und deshalb nicht selbst zu forschen brauchen.

Eine unsystematische Suche nach den Ursachen von Innovationsschwächen und eine isolierte Bewertung von Innovationsdefiziten kann in die Irre führen

Selektive Innovationspolitik im Rahmen sektoraler Strukturpolitik

und eventuell zu willkürlicher Auswahl der Adressaten für Innovationsförderungen führen. Es erscheint deshalb angebracht, von den wesentlichen Bestimmungsfaktoren für die Innovationstätigkeit auszugehen und zu prüfen, ob und inwieweit diese innovationsfördernd oder innovationshemmend in den verschiedenen Wirtschaftszweigen ausgeprägt sind. Dabei gelangt man dann zu den Ursachen von Innovationsschwächen, zu denen hauptsächlich folgende gehören:

— mangelnde Wettbewerbsintensität in den betreffenden Wirtschaftszweigen und fehlende Substitutionskonkurrenz,
— zurückgebliebener technologischer Wissensstand,
— innovationshemmende Rahmenbedingungen (z. B. mangelnder Patentschutz),
— mangelnde Finanzierungsmöglichkeiten für Innovationswagnisse.

Der Wettbewerb auf den Märkten zwingt die Produzenten und Anbieter regelmäßig zu Anstrengungen, um ihre Marktposition zu erhalten oder zu verbessern. Sicherung und Ausbau von Marktpositionen hängen bei wettbewerblichen Marktprozessen im wesentlichen ab von der besseren Nutzung vorhandener Ressourcen und von der Entwicklung neuer überlegener Produktionsmethoden sowie qualitativ höherwertiger Produkte. In den meisten hochentwickelten Volkswirtschaften sind die quantitativen Einsparungseffekte durch bessere Ressourcennutzung und damit verbundene Kostensenkungen bei altbekannten Produktionsmitteln bereits weitgehend ausgeschöpft, so daß den Prozeß- und Produktinnovationen die größte Bedeutung zukommt. Die Anbieter auf Konkurrenzmärkten müssen also danach streben, den Nachfragern durch Prozeßinnovationen kostengünstigere und/oder durch Produktinnovationen qualitativ bessere Produkte als die Konkurrenz anzubieten. Die Konkurrenten hinwiederum werden gezwungen, durch eigene Innovationen oder — falls kein Patentschutz vorhanden ist — durch Nachahmung die Neuerungen des Pionier-Unternehmens auszugleichen oder zu übertreffen. Gelingt dieses, werden innovative Vorsprungsgewinne abgebaut und eventuell neue Innovationsprozesse ausgelöst. Auf monopolistischen Märkten ist der Zwang zur innovativen Leistungssteigerung beschränkt oder — falls auch keine Substitutionskonkurrenz von Nachbarmärkten befürchtet werden muß — sogar ganz aufgehoben. Auf Oligopolmärkten ist häufig ein gleichförmiges Verhalten der reaktionsmäßig verbundenen Oligopolisten zu beobachten, das nicht nur in einer gleichgerichteten Preispolitik (z. B. unterlassene Preissenkungen, obwohl kostenmäßig möglich), sondern auch in einer gleichförmigen Innovationspolitik zu Tage tritt. Ein Oligopolist wird eventuell eine kostenaufwendige Innovation unterlassen, wenn er befürchten muß, daß die anderen Oligopolisten dann unmittelbar nachziehen werden und er die Innovationskosten infolge mangelnder Vorsprungsgewinne nicht wieder hereinholen kann. So kann und ist es auch in der Vergangenheit manchmal geschehen, daß z. B. grundlegende Neuerungen

(z. B. an Automobilen) unterblieben sind und die Oligopolisten lediglich versucht haben, sich durch marginale Produktänderungen (z. B. in der äußeren Form der Auto-Karosserie) von den Produkten der oligopolistischen Mitwettbewerber abzuheben.

Investitionsmittel für Forschung und technische Entwicklung mit dem Ziel der Innovation werden von privaten Wirtschaftssubjekten nur dann aufgewendet, wenn dieses gewinnversprechend ist, d. h., wenn nach Deckung der Forschungs- und Entwicklungskosten eine Gewinnerhöhung durch die Innovation bewirkt wird. Erfahrungsgemäß unterbleiben Innovationen, wenn andere Wirtschaftssubjekte die Neuerung sofort und kostenlos imitieren können. Rechtliche Rahmenbedingungen, vor allem der Patentschutz, müssen also die unentgeltliche Nachahmung verhindern und durch einen zeitlich begrenzten Schutz dem erfolgreichen Innovator einen Vorsprungsgewinn ermöglichen. Es gibt Fälle, wo trotz wettbewerblichen Marktdrucks und Patentschutzes keine Innovationen in bestimmter Richtung (z. B. hinsichtlich umweltschutzpolitischer Anliegen) erfolgen, weil z. B. die Grundlagenforschungen und/oder technischen Entwicklungen auf diesem oder jenem Gebiet nachhinken. Hier kann und muß die staatliche Wirtschaftspolitik eventuell die Umfeldbedingungen durch gezielte Förderung von Forschung und technischer Entwicklung verbessern.

Innovationen können an mangelnden Möglichkeiten zur Finanzierung scheitern, insbesondere dann, wenn das Wagnis groß und der Markterfolg noch fern ist. Zwecks Bereitstellung von Risikokapital wurde in der Bundesrepublik Deutschland die Deutsche Wagnisfinanzierungs-Gesellschaft mbH (WFG) von 28 Instituten der deutschen Kreditwirtschaft gegründet. Der Bund unterstützt die WFG, indem er eventuell in der Anfangsphase auftretende Verluste teilweise vorfinanzieren will. Die Wagnisfinanzierungs-Gesellschaft beteiligt sich als Minderheitsgesellschafter an Unternehmen, die Innovationen vermarkten und stellt für eine bestimmte Zeit risikotragendes Kapital zur Verfügung. Ferner gibt es Kreditgarantiegemeinschaften für bestimmte mittelständische Wirtschaftszweige (z. B. Handwerk, Handel, Verkehr, Hotel- und Gaststättengewerbe), die mit Ausfallbürgschaften dafür sorgen, daß auch ohne die sonst banküblichen Sicherheiten Kredite für Betriebsumstellungen und Neuerungen an kleine und mittlere Unternehmen gegeben werden.

Die Kreditgarantiegemeinschaften erhalten vom Staat Rückbürgschaften, welche das Risiko aus den übernommenen Ausfallbürgschaften teilweise decken. Ein Blick auf die weiteren vielfältigen Möglichkeiten, mit Hilfe der öffentlichen Haushalte von Bund und Ländern das Wagnis von Innovationen zu mindern, läßt vermuten, daß in der Bundesrepublik Deutschland kaum ein einigermaßen seriöses Innovationsvorhaben an mangelnder Finanzierung scheitern muß.[26]

---

[26] Vgl. BMFT: Ratgeber Forschung und Technologie, a. a. O., S. 49ff.

3. Strukturprognosen über die technologische Entwicklung

Zweifellos benötigt eine vorausschauende selektive Innovationspolitik zuverlässige Informationen über gegenwärtige und zukünftige Entwicklungslinien des technischen Fortschritts auf den verschiedenen Wirtschaftssektoren. Es gibt aber kaum einen anderen Sektor der Politik, in dem sachbedingt mehr Unwissenheit und Unvorhersehbarkeit herrscht als im Bereich selektiver Innovationspolitik. Dieses resultiert aus der Eigenart von Innovationen, die in der Regel weder inhaltlich noch zeitlich und örtlich vorherbestimmbar sind. Innovationen können rein zufälligen Entdeckungen oder Erfindungen entspringen oder aus systematischen Suchprozessen ohne vorherige Erfolgsgarantie hervorgehen. Welche Innovationen wann und wo künftig zu erwarten sind, ist kaum vorhersehbar. Ein Spaßvogel soll einmal geäußert haben, daß Prognosen immer schwierig seien, vor allem dann, wenn sie für die Zukunft gelten sollen. Man könnte dieses Bonmot geradezu dahingehend ergänzen, daß dieses besonders für Strukturprognosen über die Innovationstätigkeit gilt.

Bei Strukturprognosen wird — meist aufbauend auf Analysen der strukturellen Entwicklung in der Vergangenheit und Gegenwart — versucht, erkennbare oder wahrscheinliche Entwicklungstrends und künftigen Strukturwandel bzw. Strukturbrüche aufzuzeigen. Strukturprognosen über die ökonomische Entwicklung werden möglich, wenn angenommen werden kann, daß unter gleichen oder ähnlichen Bedingungen die Wirtschaftssubjekte wie in der Vergangenheit handeln oder ihre Verhaltensweisen in bestimmter Weise ändern werden und sich bei bestimmten Konstellationen der strukturellen Entwicklungsfaktoren ein bestimmtes Strukturergebnis bzw. ein Strukturwandel mit empirisch hohem Wahrscheinlichkeitsgrad einstellen wird. Da die am Eigeninteresse ausgerichteten Verhaltensweisen der Wirtschaftssubjekte erfahrungsgemäß gewisse Regelmäßigkeiten aufweisen und sich bei bestimmten Änderungen der Rahmenbedingungen oft in voraussehbarer Weise ändern, können meist plausible Verhaltenshypothesen formuliert werden. Auch lassen typische Konstellationen struktureller Entwicklungskomponenten häufig Rückschlüsse auf die wahrscheinliche Strukturbildung oder einen eventuellen Strukturwandel in bestimmter Richtung zu. Mehrere dieser Voraussetzungen für einigermaßen treffsichere Strukturprognosen über die ökonomische Entwicklung fehlen bei technologischen Strukturprognosen. So kann kaum damit gerechnet werden, daß es den Wirtschaftssubjekten — selbst bei Verstärkung ihrer Forschungs- und Entwicklungsanstrengungen — jederzeit bzw. letztendlich gelingt, bestimmte Innovationen hervorzubringen. Meist fehlen auch typische, regelmäßig wiederkehrende Entwicklungsmuster, die mit hoher Wahrscheinlichkeit auf einen bevorstehenden technologischen Strukturwandel schließen lassen. Die Geschichte der Technikentwicklung ist voll von plötzlichen, oft rein zufälligen Erfindungen und Entdeckungen, welche die technische und ökonomische Entwicklung mehr oder weniger revolutioniert haben. Andererseits ist der Weg der technologischen Entwicklungen auch mit gescheiterten Innovationsversuchen gepflastert. Meist läßt sich der künftige Trend der technologischen Entwicklung erst dann abschätzen, wenn sich eine Produktinnovation am Markt oder eine Prozeßinnovation in der Produktion durchzusetzen beginnt.

Dennoch sind selbst dann „richtige" bzw. treffsichere Strukturprognosen[27], welche die künftige Entwicklung — gemessen an der späteren tatsächlichen Entwicklung — genau vorausgesagt haben, in den Wirtschafts- und Sozialwissenschaften selten. Ein wesentlicher Grund liegt darin, daß stets unvorhersehbare Ereignisse und Probleme — wie z. B. revolutionäre Erfindungen, gesundheitsgefährdende Rohstoffverarbeitungen, verzögerte oder fehlende Zulieferungen von Rohstoffen infolge Streiks — die Prognoseergebnisse und das spätere tatsächliche technologische sowie ökonomische Geschehen auseinanderdriften lassen können. Bekanntlich versucht der Prognostiker deshalb, sein Renommee durch Aufstellung bedingter Prognosen zu wahren. Im Gegensatz zu Prophezeiungen, die an keine Voraussetzungen geknüpft und ins Blaue hinein getroffen werden, basiert jede wissenschaftliche Prognose auf bestimmten Annahmen, unter denen das Prognoseergebnis nur Gültigkeit hat. Die Bedingtheit von Prognosen offenbart sich meist an der Ausklammerung bestimmter exogener Variablen. So werden meist Stilbrüche bzw. Kehrtwendungen in der Wirtschafts- und Strukturpolitik ausgeschlossen und eine Konstanz bzw. Fortführung der bisherigen Politik angenommen. Werden auch die nur schwer einschätzbaren Rückwirkungen von Strukturprognosen auf das Verhalten der Wirtschaftssubjekte vernachlässigt, so kann die Voraussage die Wirklichkeit verfehlen, wenn sich Unternehmungen und Konsumenten von der Prognose in einer bestimmten Weise merklich haben beeinflussen lassen. Aber selbst bei prognostischer Berücksichtigung von Ankündigungs- und Reaktionseffekten zeigt sich manchmal später, daß die Strukturprognose wegen Unter- oder Überschätzung der Signalwirkung und/oder der Reaktionsgeschwindigkeit der Prognoseverwerter die reale strukturelle Entwicklung nicht zutreffend vorausgesehen hat.

Die Ausgestaltung von Strukturprognosen über die technologische Entwicklung stellt zusätzliche Anforderungen an den Prognostiker. Das beginnt bereits mit der Festlegung der zeitlichen Reichweite. Da sich in der Volkswirtschaft ein dauernder technologischer Strukturwandel vollzieht und die verschiedenartigsten technologischen Entwicklungen sehr unterschiedliche Ausreifungszeiten bis zur marktreifen Innovation haben können, gibt es keine sachlogisch klar

---

[27] Was die Verleihung des Prädikats „richtig" an Strukturprognosen betrifft, so muß folgendes beachtet werden: Eine durch die strukturelle Entwicklung scheinbar als „richtig" bestätigte Prognose kann — da auf falschen Annahmen basierend und rein zufällig durch Kompensationseffekte eingetroffen — dennoch falsch sein. Umgekehrt kann eine scheinbar „falsche" Prognose doch richtig sein, weil sich ihre Entwicklungs-Hypothesen grundsätzlich als zutreffend erwiesen haben und sich auch sehr wahrscheinlich die auf der Prämisse konstanter Struktur- und Technologiepolitik basierenden Prognoseergebnisse eingestellt hätten, wenn die reale Strukturentwicklung nicht durch eine Kehrtwende in der Strukturpolitik in eine andere Richtung gedrängt worden wäre.

abzugrenzende Frist für die technologische Strukturprognose. Wird aber der Zeitraum zu kurz gewählt, bleiben eventuell wichtige längerfristige technologische Umwälzungen dem Blickfeld verborgen. Wird ein relativ langer Zeitraum zugrunde gelegt, büßt in der Regel die Prognose wegen sachlicher und zeitlicher Unwägbarkeiten technologischer Entwicklungs- und Reifeprozesse an Aussagekraft ein. Häufig kann kein Mensch — also auch nicht der Forscher oder Konstrukteur selbst — voraussehen, welche Probleme von der Entwicklung bis zur marktreifen Innovation auftreten werden und in welcher Zeitspanne Lösungen dafür gefunden werden. Ein weiteres Problem stellt die Sektoren- bzw. Tiefengliederung der technologischen Strukturprognose dar. Im Hinblick auf die beabsichtigte Selektion und Prioritätensetzung für die Förderbereiche genügt es meist nicht, die Volkswirtschaft in den primären oder landwirtschaftlichen, den sekundären oder industriellen und den tertiären oder dienstleistungsbezogenen Sektor aufzuspalten und die technologische Entwicklung in diesen großen Bereichen zu betrachten. Für ein detailliertes technologisches Strukturbild ist es erforderlich, eine sachgerechte Feingliederung — möglichst ohne ungelöste Probleme der Sektorenabgrenzung — zu finden; denn von der gewählten Tiefengliederung der Wirtschaftsbereiche hängt es letztlich ab, wieviel technologischer Strukturwandel überhaupt sichtbar wird.

Generell ist vor überspannten Erwartungen hinsichtlich des Nutzwertes von wissenschaftlichen Strukturprognosen über die technologische und ökonomische Entwicklung zu warnen. Da die komplexe Wirklichkeit kaum jemals in einem analytischen Strukturbild weltweiten Ausmaßes erfaßt werden kann und unvorhersehbare Ereignisse die Strukturentwicklung beeinflussen können, ist die Wahrscheinlichkeit einer Übereinstimmung von vorausgesagter und späterer tatsächlicher Strukturentwicklung von vornherein gering. Wissenschaftliche Strukturprognosen können die grundsätzliche Unbestimmtheit des künftigen technologischen und ökonomischen Fortschritts und Umbruchs und damit die Unsicherheit über die künftige strukturelle Entwicklung nicht beseitigen. Strukturprognosen können weder den autonomen Wirtschaftssubjekten das Berufs- und Marktrisiko noch den struktur- und technologiepolitischen Instanzen das Treffen von zukunftsgerichteten Entscheidungen unter Unsicherheit abnehmen. Sie können aber das Feld der Risiken und Unsicherheiten bewußter, überschaubarer und besser einschätzbar machen. Ferner können Strukturprognosen bei konsistenten Elementen von Struktur-Szenarien relevante Interdependenzen technologischer und ökonomischer Entwicklungen verdeutlichen sowie Ansätze für struktur- und technologie-politische Strategien finden helfen. Deshalb liegt der Wert von Strukturprognosen weniger in treffsicheren Voraussagen, die aus den geschilderten Gründen höchst selten sind, sondern vielmehr in der Bewußt- und Transparentmachung empirischer Zusammenhänge struktureller und globaler Größen sowie relevanter Entwicklungsvariablen.

4. Abschätzungen von Technologiefolgen

Die Einschätzung der Technik in der Bevölkerung hat sich im Laufe des letzten Jahrhunderts mehrmals grundlegend geändert. Der Euphorie über das beginnende Maschinenzeitalter in der Gründerzeit auf Produzentenseite folgte bald das (scheinbar technikbegleitende) Massenelend der Arbeiter in der Phase der Frühindustrialisierung. Man denke an die Maschinenstürmer, welche die Hauptursache des Elends der Arbeiter in den neuen Techniken, z. B. der Webstühle und Wirkmaschinen, sahen. Mit zunehmender Verbesserung der Arbeitsbedingungen änderte sich auch in der Arbeiterschaft die Einstellung zum technischen Fortschritt. Die Maschinen und neuen technischen Produktionsverfahren wurden nunmehr auch in ihrer arbeitskraftsparenden und arbeitserleichternden Funktion erlebt. Zudem ging der technische Fortschritt mit einer Massenproduktion einher, von der auch breite Bevölkerungsschichten profitierten. Ferner eröffneten technische Weiterentwicklungen neue Tätigkeitsfelder, die vielen Arbeitnehmern einen beruflichen und sozialen Aufstieg ermöglichten. In der Wiederaufbauphase nach dem zweiten Weltkrieg bis noch in die 60er Jahre wurde die Technik vorwiegend als wohlstandsfördernd angesehen. Erst in den 70er Jahren entwickelte sich — nicht zuletzt auf dem Hintergrund offensichtlicher Umweltschäden und drohender Rohstofferschöpfungen — eine breite öffentliche Diskussion über schädliche Technikfolgen. Unter dem Einfluß ökologischer Bewegungen und alternativer Lebenskonzepte breitete sich insbesondere in einem Teil der (meist nicht in der materiellen Produktion arbeitenden) Jugend eine gewisse neue Technikfeindlichkeit aus, die sich jedoch immer mehr verflüchtigt. Bei manchen Jugendlichen scheint sich die Erkenntnis durchzusetzen, daß es immer nur wenigen Menschen möglich sein wird, aus der technikgeprägten Industriegesellschaft in die angebliche Idylle einer autonomen handwerklichen Tätigkeit und ländlichen Selbstversorgungswirtschaft zu flüchten. Würde nämlich daraus eine alternative Massenbewegung, gäbe es bald nicht mehr genug Steuer- und Beitragszahler, die Mittel für die Unterhaltung des sozialen Netzes und damit auch die ziemlich risikolose Selbstentfaltung der Alternativen aufbringen würden. Die anfänglich im Meinungsfeld auftauchenden extremen Positionen, die ziemlich pauschal die Umweltverschlechterungen einem ungezügelten technikbedingten quantitativen Wirtschaftswachstum anlasteten und die Vorzüge eines „Null-Wachstums" anpriesen, sind inzwischen — nicht zuletzt unter dem Problemdruck wachsender Arbeitslosigkeit — verstummt. Heute herrscht die Meinung vor, daß die derzeitigen Beschäftigungs- und Umweltprobleme nur durch weiterentwickelte und umweltschonende Technologien und Beseitigung von Wachstumshemmnissen zu lösen sind. Es ist klar geworden, daß ein qualitatives Wachstum, das die Umwelt und die erschöpfbaren Ressourcen schont, sich nicht verordnen läßt, sondern sich allenfalls über umweltschützende Rahmenbedingungen und eventuelle Förderung ressourcenschonender Technologien erreichen läßt.

Eine selektive Innovationspolitik bedarf der Unterstützung durch wissenschaftliche Analysen, welche die Folgen von Technologieanwendungen aufzeigen und möglichst quantifizieren. Wissenschaftliche Technologiefolgen-Analysen zielen also darauf ab, die bei Anwendung bestimmter Techniken entstehenden unmittelbaren Auswirkungen und voraussichtlich späteren Folgeerscheinungen auf andere Lebens- und Arbeitsbereiche sowie die Umweltbedingungen ausfindig zu machen und zu messen oder zumindest abzuschätzen. Derart gewonnene Erkenntnisse über tatsächliche und mögliche Technikfolgen bezwecken vor allem, den politisch-staatlichen Instanzen Grundlagen für Entscheidungen über Normierungen des Technikgebrauchs, z.B. zum Schutze der Umwelt oder der Verbesserung der Lebens- und Arbeitsbedingungen, zu liefern.

Der angelsächsische Begriff „Technology Assessment" umfaßt den gesamten Komplex von der Abschätzung der Technologiefolgen über deren Bewertung auf fundierter Wissensgrundlage bis zur staatlich normierten Anwendung von Technologien.

Eine derart umfassende Aufgabenstellung kann an verschiedenen Fallstricken scheitern. Zunächst einmal muß festgestellt werden, daß die Voraussehbarkeit zukünftiger technologischer Entwicklungen — auch unter Zuhilfenahme wissenschaftlicher Analysemethoden (z.B. der Trendextrapolation) eng begrenzt ist. Ferner lassen sich Technologiefolgen kaum allein von den technischen Einsatzbedingungen her abschätzen ohne Einbeziehung der ökonomischen, sozialen und institutionellen Rahmenbedingungen und ohne Berücksichtigung möglicher Reaktionen der Betroffenen. So gelangen z.B. die Verfasser der publikumswirksamen Studie über die Grenzen des Wachstums (Club of Rome-Bericht)[28] zu ihrer pessimistischen Einschätzung der drohenden weltweiten Ressourcenerschöpfung und Umweltverschmutzung, weil sie weder die Reaktionsfähigkeit marktwirtschaftlicher Systeme auf Verknappungserscheinungen noch die Umweltschutzmöglichkeiten staatlicher Politik zutreffend eingeschätzt haben. Zudem haben sie in dem zugrunde gelegten Weltmodell wegen des nur schwer voraussehbaren technischen Fortschritts lediglich eine einmalige Verbesserung der Technologie unterstellt. Es gibt also in dem Weltmodell keine variable Größe für die Technologie, was zur Folge hat, daß der permanente Prozeß technischer Entwicklungen und Innovationen in seiner Relevanz für Verbesserungen der Umweltsituation und Streckungen der Rohstoffvorräte unterschätzt wird. Oft zeigen systemanalytische Untersuchungen Diskrepanzen zum Wissensbedarf der politisch-staatlichen Entscheidungsträger, wie an der nachfolgenden Gegenüberstellung von Leittersdorf deutlich wird:[29]

---

[28] *Meadows/Dennis* u.a, Die Grenzen des Wachstums. Bericht des Club of Rome zur Lage der Menschheit, Stuttgart, 1972.
[29] R. *Leittersdorf,* Technologiediskussion, Technologiefolgenanalyse und technologiepolitische Entscheidungsfindung in der Bundesrepublik Deutschland, in: RKW-Handbuch Forschung, Entwicklung, Konstruktion (F+E), 10. Lieferung 1982, S. 15.

Angebot der Systemanalyse	Bedarf der Entscheidungsträger
– „mögliche" Entwicklungen	– „wahrscheinliche" oder „wünschbare" Entwicklungen
– Prämissensetzung	– Prämissenanalyse
– Abstraktion von widerstreitenden Interessen innerhalb der Gesellschaft	– Analyse der Interessenlage, der „Machtstrukturen", der Umsetzungswege
– implizite Wertsetzungen bzw. „endogenisierte" Wertungen	– explizite Wertsetzungen, Offenlegung und Abwägung der Wertungen
– „Wenn-Dann-Aussagen"	– Konsensbildungsprozesse
– relativ große Analyseaggregate	– Entsprechung zwischen Detailgrad der Analyse und Detailgrad der Entscheidung bzw. Umsetzung

5. Methoden der Prioritätensetzung

Wenn die staatliche Innovationspolitik nicht wahllos alle nur möglichen Neuerungen, sondern selektiv nur bestimmte Innovationen fördern will und eventuell finanziell auch nur fördern kann, so bedarf es der Prioritätensetzung. Dafür benötigt man eine Prioritätenskala, welche anhand bestimmter Auswahlkriterien aufzustellen ist und die Aufschluß über die sachliche Rangfolge und die zeitliche Dringlichkeit der zu fördernden Innovationen zu geben hat. Die üblichen Zusammenstellungen von staatlichen Förderprogrammen in Form von Förderfibeln oder Ratgebern für Förderanträge erfüllen kaum jemals die Anforderungen einer operationalen Prioritätenskala. Meist werden die einzelnen Förderprogramme einfach aneinandergereiht oder allenfalls sachverwandte Programme unter einer Überschrift subsumiert, ohne daß auch nur die Andeutung einer Rangskala sichtbar wird.

Erfahrungsgemäß neigen die politisch-staatlichen Instanzen häufig dazu, die Förderprojekte einfach nach der Höhe der für das einzelne Innovationsvorhaben benötigten Subventionen auszuwählen. Bei diesem Vorgehen werden potentielle alternative Förderprojekte von der Ertragsseite her als gleichwertig angesehen und allein auf die beim Entscheidungsträger anfallenden Kosten (sogenannte interne Kosten) abgestellt. Je nach politischer Motivation und administrativen Gepflogenheiten können vorrangig (z. B. aus Prestigegründen) Großprojekte oder viele kleinere Innovationsprojekte nach dem Gießkannenprinzip gefördert werden. Diese einseitige Vorgehensweise bei der Projektselektion kann schon deshalb nicht befriedigen, weil sie keine Rückkoppelung an wohlfahrtspolitische Zielsetzungen erkennen läßt und auch keinerlei Anhaltspunkte für die spätere Erfolgskontrolle der Fördermaßnahmen bietet. Um auch die Erträge und alle Kosten (also neben den internen Förderkosten der öffentlichen Verwaltung auch die externen Kosten der Volkswirtschaft) ins Kalkül ziehen zu können, empfiehlt es sich schon eher, die Kosten-Nutzen-Analyse bei der Projektselektion anzuwenden. Hierbei wird dann — häufig im Rahmen eines finanziell vorgegebenen Förderprogramms — versucht, bei gegebenen Mitteln diejenigen Förderprojekte mit dem höchsten volkswirtschaftlichen oder gesellschaftlichen Nutzen bei möglichst geringem Mittelaufwand ausfindig zu machen. Es werden also Nutzenmaximierungs- und Kostenminimierungskalküle angestellt. Da jedoch mancher Nutzen sich nicht messen und auch nicht in Geldeinheiten ausdrücken läßt, haftet auch dieser Auswahlmethode mehr oder weniger eine gewisse, bewertungsmäßig bedingte Willkür an. Wenn sich bestimmte positive oder negative Wirkungen eines anstehenden Selektionsentscheids nicht in Geldeinheiten ausdrücken lassen, kann ein behelfsmäßiger Ausweg im Scoring-Verfahren gesucht werden. Dabei werden den einzelnen Vor- und Nachteilen alternativer Projekte Punkte zugeordnet. Das Projekt mit der höchsten Punktzahl wird dann für die Förderung ausgewählt. Obwohl hier auch die nicht meßbaren Folgen berücksichtigt werden, kann der Selektionsentscheidung mehr oder weniger Willkür anhaften, weil die punktmäßige Gewichtung der subjektiven Wertschätzung der Entscheidungsträger oder deren Berater überlassen bleibt. Nach Auffassung der PROGNOS AG ergeben sich auch bei mathematischen Planungsmodellen, in denen „das Planungsproblem auf eine Gleichungsform reduziert und sodann mit Hilfe von OperationsResearch-Techniken eine Zielfunktion maximiert (wird), ... Beschränkungen in der Anwendbarkeit:

— Die Ziele müssen wie alle anderen Variablen voll quantifizierbar und funktionalisierbar sein, und zwar selbst, wenn sie lediglich als Nebenbedingungen in Erscheinung treten.

— Die Reduktion des tatsächlichen Planungsproblems auf ein Gleichungssystem erfordert — auch bei Verarbeitung mit elektronischen Datenverarbeitungsanlagen — Vereinfachungen einmal durch Vernachlässigung von scheinbar Nebensächlichem, dann aber auch durch Vereinfachung der Modellstruktur (Linearisierung).

Mathematische Planungsansätze dürften aus diesen Gründen in absehbarer Zukunft nicht als Routine-Planungsinstrumente eingesetzt werden können".[30]

Die vorstehende Skizzierung einiger üblicher Methoden zur Bestimmung von Prioritäten und ihrer jeweiligen Problematik offenbart das hohe Willkürpotential bei Selektionsentscheidungen über zu fördernde Innovationen.

---

[30] Studie der PROGNOS AG im Auftrage des Bundesministers für Bildung und Wissenschaft: Methoden der Prioritätsbestimmung II, hrsg. vom Bundesminister für Bildung und Wissenschaft, Schriftenreihe Forschungsplanung 4, Bonn 1971, S. 80f.

6. Zieladäquate Instrumente

Die Innovationspolitik bedient sich verschiedener Förderinstrumente, wobei nach der Fördermethodik zwischen indirekter und direkter Förderung unterschieden wird. Mittel der indirekten Förderung — wie z. B. Sonderabschreibungen für Innovationen aller Art — werden angewendet, wenn ganz allgemein das Innovationspotential der Unternehmungen in der Volkswirtschaft gestärkt werden soll. Bei solchen breit ansetzenden Fördermaßnahmen, die allen Innovatoren gleiche Förderchancen einräumen, kommt es auf das Gesamtergebnis und weniger auf sektorale Einzelerfolge an. Dagegen ist eine direkte Projektförderung zweckmäßig, wenn genau gezielt auf einem Teilsektor eine Lösung angestrebt wird.[31]

Ferner gibt es noch ein Förderverfahren, das sich als „indirekt-spezifisch" klassifizieren läßt.[32] Die indirekt spezifische Förderung nimmt sich solcher Aufgaben an, die zwischen der allgemeinen Stärkung des Forschungs- und Innovationspotentials der Wirtschaft und der Unterstützung ganz spezifischer Problemlösungen in einem Sektor liegen. Hierbei wird zwar ein konkretes bzw. spezifisches Förderziel (wie z. B. die verstärkte Verwendung der Mikroelektronik in der Volkswirtschaft) angestrebt, aber allen Unternehmungen werden individuelle Aufgabenstellungen und eigene Lösungsansätze offengelassen.

Es ist klar, daß für eine selektive Innovationspolitik hauptsächlich die direkte Projektförderung und allenfalls noch die indirekt-spezifische Förderung zieladäquat sind, wobei sich letztere aufgrund ihres größeren Freiheitsspielraumes für die Einzelwirtschaften besser in die marktwirtschaftliche Gesamtordnung einfügt.

Die jetzige Bundesregierung hat verkündet, daß sie der indirekten Förderung — wo immer es möglich ist — den Vorzug vor selektiver Förderung der Wirtschaft geben will. Ihrer Ansicht nach „(stärkt) die indirekte Förderung — unter Ausnutzung der Suchfunktion des Marktes — die Eigenkräfte der Wirtschaft, verringert die Gefahr staatlicher Fehllenkung und reduziert den bürokratischen Aufwand."[33] Ferner wird moniert, daß unter der Regie anderer Bundesregierungen die direkte Projektförderung einen größeren Umfang eingenommen habe, als zwingend notwendig gewesen wäre. Jedoch bleibt es abzuwarten, ob es der derzeitigen Bundesregierung gelingt, das Subventionsgestrüpp — auch gegen den erbitterten Widerstand subventionsverwöhnter Interessengruppen — wenigstens hier und da zu lichten. Erfahrungsgemäß klaffen in der praktizierenden Politik oft Absichten und Taten bzw. Konzeption und Wirklichkeit auseinander, was auch auf die derzeitige Forschungs- und Technologiepolitik in der Bundesrepublik Deutschland zuzutreffen scheint. Es

---

[31] Vgl. auch Kapitel IV.
[32] Vgl. BMFT: Bundesbericht Forschung 1984, a.a.O., S. 45.
[33] Ebendort, S. 44.

sind nämlich kaum Bemühungen erkennbar, die Vielzahl der bestehenden Förderprogramme für bestimmte Bereiche abzubauen. Statt dessen scheint auch die jetzige Bundesregierung der Versuchung zu erliegen, den politisch bequemeren Weg zu gehen. Dieser ist dadurch gekennzeichnet, daß das wild gewucherte Gestrüpp links und rechts des Weges weiterhin erhalten bleibt und nun noch zusätzlich am Haupteingang einige kräftige Subventionssäulen aufgestellt werden. Mit anderen Worten, fast alle vorhandenen Programme direkter Projektförderung werden weitergeführt und zusätzlich wird die indirekte Förderung — wie bereits mit der Wiedereinführung der Sonderabschreibungen für Forschungs- und Entwicklungsinvestitionen ab 1984 geschehen — verstärkt.

7. Zielkonformität und Erfolgskontrolle

Die Maßnahmen selektiver Innovationspolitik sind darauf zu überprüfen, ob sie zielkonform gestaltet sind und inwieweit ihr Einsatz zur Erreichung der anvisierten Ziele beigetragen hat.

Meist kann ein Ziel auf verschiedenen Wegen bzw. mit unterschiedlichen Mitteln erreicht werden. Um aus der Vielfalt der möglichen und einsetzbaren Mittel das optimale Instrument herauszufinden, ist es zunächst erforderlich, die hinsichtlich der Zielerreichung ungeeignet scheinenden Mittel auszuschließen und die verbleibenden Instrumente in eine Rangfolge bezüglich ihres eventuell unterschiedlichen Beitrags zur Zielerreichung zu bringen. Um die Eignung und Effizienz eines Mittels zur Verwirklichung vorgegebener Ziele erkennen zu können, müssen die wesentlichen Eigenschaften und Wirkungen eines Instrumentes bekannt oder voraussagbar sein. In der Regel wirkt ein Instrument nicht nur unmittelbar auf das Ziel, zu dessen Erreichung es eingesetzt wird, sondern beeinflußt meist auch unbeabsichtigt andere wirtschafts- und strukturpolitische Ziele. Bei der Prüfung der Zielkonformität von Mitteln muß also nicht nur geprüft werden, ob sich mit dem ausgewählten Mittel das anvisierte Ziel erreichen läßt, sondern es müssen auch die eventuell negativen und positiven Effekte des Mitteleinsatzes auf andere Ziele berücksichtigt werden.

Bei einer optimalen Mittelwahl muß dasjenige Mittel ausfindig gemacht werden, das bei gegebener Situation unter Berücksichtigung eventuell schädlicher oder günstiger Neben- und Fernwirkungen am besten geeignet ist, das Hauptziel unter Minimierung schädlicher Nebeneffekte bzw. unter Maximierung günstiger Nebenwirkungen kurzfristig oder langfristig zu erreichen.

Die selektive Förderung von Innovationen kann neben den angestrebten technologischen Neuerungen auf den betreffenden Wirtschaftssektoren auch zu unbeabsichtigten sektoralen und regionalen Strukturänderungen führen. So kann beispielsweise ein Zielkonflikt zwischen selektiver Innovationspolitik und regionaler Strukturpolitik aufbrechen, wenn sich die Innovationsförderung vorwiegend auf Wachstumsindustrien in Ballungsräumen konzentriert und dadurch den Entwicklungsrückstand ökonomisch schwacher oder monostrukturierter Regionen vergrößert. Ferner kann die ungleiche sektorale Verteilung der Fördermittel zu Fehlallokationen in der Wirtschaft führen, weil sich eventuell nicht die qualitativ besten, sondern die am höchsten subventionierten Innovationen am Markt durchsetzen. In solchen Fällen wirkt die selektive Innovationspolitik also den Zielen der sektoralen Strukturpolitik entgegen. Weitere Zielkonflikte können zwischen selektiver Innovationspolitik und betriebsgrößenorientierter Strukturpolitik (Mittelstandspolitik) aufbrechen, wenn sich die Förderung von Innovationen — wie auf bestimmten Sektoren zu beobachten ist — vorwiegend auf Großbetriebe konzentriert. Ferner kann durch selektive Innovationspolitik die Umweltschutzpolitik sowohl unterstützt als auch konterkariert werden. Eine Unterstützung umweltpolitischer Ziele läßt sich z. B. durch Förderung umweltfreundlicher Prozeß- und Produktinnovationen erreichen, während die Subventionierung solcher Innovationen, die vorwiegend nur der Produktionsausdehnung bei umweltbelastenden Industrien dienen, umweltpolitische Ziele beeinträchtigen.

Während die Prüfung der Zielkonformität keine unlösbaren Probleme aufwirft, sind echte Erfolgskontrollen, die diesen Namen tatsächlich verdienen, äußerst selten. Dieses liegt keineswegs nur daran, daß sich die in der Wirtschafts- und Strukturpolitik agierenden Ministerien schwer tun, die von ihnen getroffenen Maßnahmen selbst einer Erfolgskontrolle zu unterziehen oder von anderen Prüfungsinstanzen unterziehen zu lassen, sondern auch an Meßproblemen. Häufig mangelt es an einschlägigen statistischen Daten oder an aussagefähigen Kriterien, die den Erfolg oder den Erfolgsanteil staatlicher Förderung widerspiegeln. Zunächst einmal ist schon schwer festzustellen, ob und gegebenenfalls inwieweit die staatliche Innovationsförderung überhaupt einen nennenswerten Einfluß auf die Innovationstätigkeit in einem Bereich hat, weil die antragstellenden Unternehmen eventuell auch ohne die staatliche Subvention und möglicherweise ebenso schnell die Innovation getätigt hätten. Da die Innovationsförderung nach dem Subsidiaritätsprinzip nur Hilfe zur Selbsthilfe sein soll, wird ihr in der Regel nur ein gewisser, kaum jemals exakt zu bestimmender Anteil an der Schaffung der Innovation zugerechnet werden können. Meist sind der Einfallsreichtum und die Kreativität der Konstrukteure und Ingenieure die entscheidende Kraft bei den Innovationen, während die staatliche Förderung allenfalls den Fertigstellungstermin beschleunigen oder die Markteinführung erleichtern hilft. Zudem ist der Erfolg nicht schon allein in der Schaffung einer Neuerung zu sehen, sondern vor allem in ihrer Marktgängigkeit, für die primär das Management und die Marketing-Strategie des betreffenden Unternehmens ausschlaggebend sind.

Abschließend ist noch darauf hinzuweisen, daß das technologische Scheitern einer (geförderten sowie auch nicht geförderten) Innovation nicht in jedem Falle als ein Mißerfolg gewertet werden muß. Auch ein gescheitertes Innovationsprojekt kann wichtige Hinweise für Lösungen auf Teilgebieten oder in einem anderen technischen Zusammenhang liefern. Eine relativ geringe Rate an innovativen Mißerfolgen kann sogar ein Indiz dafür sein, daß zu wenig risikohafte Innovationsprojekte angegangen worden sind.

VIII. Schlußfolgerungen

In der Studie einer vom Ministerrat der OECD eingesetzten Arbeitsgruppe, die sich mit positiver Strukturanpassung als wirtschaftspolitische Strategie beschäftigt hat[34], wird unter anderem auch auf die Gefahren selektiver Innovationspolitik hingewiesen. So wird dort ausgeführt: „Ein grundlegendes Risiko besteht darin, daß langfristig das staatliche Eingreifen in den Innovationsprozeß privater Unternehmen leicht zu einer Veränderung des Innovationsverhaltens führen kann. Die private Risikobereitschaft wird geschwächt, und potentielle Innovatoren halten es, um erfolgreich zu sein, für notwendig, um öffentliche Unterstützung nachzusuchen. In der Tat können in interventionistischen Volkswirtschaften Personen eine industrielle Karriere machen, deren besondere Fähigkeit in der Präsentation vor Regierungsausschüssen liegt und die wissen, wie politische Unterstützung zu organisieren ist. Solche Personen entwickeln jedoch selten neue marktfähige Produkte."[35] In der Tat läßt sich beobachten, daß eine selektive Innovationsförderung das Subventionskarussell mächtig in Schwingungen und Drehungen versetzen kann. Häufig fordern Wirtschaftszweige — unter Hinweis auf ihre gleich- oder ähnlich gelagerte Situation wie bereits geförderte Branchen — ebenfalls Innovationshilfen. Statt eines Innovationswettbewerbs wird also ein Wettbewerb um Subventionen in Gang gesetzt.

Ferner kann die zentrale staatliche Suche nach künftigen Wachstumsbereichen dazu führen, daß mehrere oder viele Regierungen — manchmal allzu beeindruckt von publikumswirksamen Veröffentlichungen — alle die gleichen Bereiche als Wachstumspotential identifizieren. „Zum Beispiel hat seit Mitte der 70er Jahre fast jede Publikation über neue technologische Wachstumsmöglichkeiten auf das Wachstumspotential in der Mikroelektronik und in der Biotechnologie hingewiesen und den Staat gedrängt, diese Bereiche zu unterstützen. Wird die dezentrale Suche über den Markt durch zentralisierte staatliche Entscheidungen ersetzt, kann somit eine nationale und sogar internationale Über-Konzentration auf wenige Aktivitäten die Folge sein."[36]

Auch die vorgenannte OECD-Studie kommt zu dem Schluß, daß primär ein innovationsfreundliches Klima — hauptsächlich mittels indirekter Mittel — geschaffen werden müsse. „Eine angemessene makroökonomische Stabilitätspolitik, die Kapitalmarktpolitik sowie die verschiedenen Bereiche der Wirt-

---

[34] OECD-Studie, hrsg. vom Bundesministerium für Wirtschaft, Positive Anpassungspolitik — Strukturanpassung durch Marktwirtschaft, Studien-Reihe des BMW; Nr. 42, Bonn 1984.
[35] Ebendort, S. 120 f.
[36] Ebendort, S. 121.

schaftsordnungspolitik können für die Höhe der Innovationsrate von sehr viel größerer Bedeutung sein als staatliche Eingriffe, die speziell und direkt auf die Entwicklung neuer Technologien abzielen."[37]

Falls darüber hinaus noch eine selektive Innovationsförderung für erforderlich gehalten wird, so wären gemäß der OECD-Studie aus der Vielzahl der vorhandenen Möglichkeiten die förderungswürdigsten Fälle auszuwählen. Was allerdings die Auswahl-Kriterien betrifft, so bleibt auch die vorgenannte Studie ziemlich in allgemeinen, kaum operationalen Hinweisen stecken. Es wird dort lediglich angemerkt: „Im großen und ganzen bedeutet dies, daß direkte staatliche Interventionen nur bei solchen Aktivitäten angebracht sind, bei denen schwerwiegendes Marktversagen entweder nachgewiesen oder mit einiger Sicherheit voraussehbar ist, an denen mehrere miteinander konkurrierende Unternehmen beteiligt werden können und bei denen die betroffenen Unternehmen international wettbewerbsfähig sind oder es ohne weiteres werden können."[38]

Die selektive Innovationspolitik, die sowohl in der Bundesrepublik Deutschland als auch in anderen OECD-Ländern im letzten Jahrzehnt umfang- und intensitätsmäßig ausgedehnt worden ist, müßte demnach auf solche zu identifizierenden Ausnahmefälle zurückgeführt werden. Es dürfte jedoch zweifelhaft sein, ob die politisch-staatlichen Entscheidungsträger — gegen den zu erwartenden Widerstand der Subventionsempfänger und sonstiger Interessenten im eigenen politischen Lager — die Kraft dazu aufbringen.

---

[37] Ebendort, S. 123.
[38] Ebendort, S. 123.

Förderung der Bildung von Risikokapital vs. selektiver Innovationsförderung

Von *Hellmuth Stefan Seidenfus*, Münster

Über die Ambivalenz der selektiven Innovationsförderung in einem Wirtschaftssystem, das wesentlich den Prinzipien der Marktkoordination wirtschaftlicher Aktivitäten folgt, kann angesichts der Erfahrungen, welche die siebziger Jahre vermitteln, im Grundsatz keine Meinungsverschiedenheit bestehen. Die faktische Bevorzugung großer Unternehmen, die eingetretenen Mitnahmeeffekte und offenkundigen Fehlinvestitionen haben freilich die kritische Haltung gegenüber der selektiven Innovationsförderung verstärkt, wie sich bereits im „Bundesbericht Forschung 1984"[1] erkennen läßt. In ihm werden wichtige Positionsänderungen deutlich, wenn dort etwa von „Förderung der Eigeninitiative", „Zurückhaltung des Staates gegenüber der Forschung und Entwicklung in der Wirtschaft, insbes. bei inhaltlichen Vorgaben" usw. die Rede ist[2]. Es wird damit allerdings nur die verstärkte Fortsetzung eines Trends angekündigt, der schon seit 1976 zu beobachten war, wie aus der folgenden Tab. 1 hervorgeht:

Tabelle 1
Die Entwicklung der zivilen FuE-Ausgaben des Bundes nach Förderkategorien (v. H.)

Förderkategorie	1976	1978	1980	1982	1984[b]
1. Direkte Förderung großer technologischer Entwicklungslinien[a])	53,0	38,3	35,3	47,0	48,0
2. Übrige direkte Forschungsförderung	40,5	54,7	47,4	35,2	24,0
3. Indirekte Forschungsförderung	6,5	7,0	17,3	17,8	28,0
	100	100	100	100	100

[a]) Hierunter fallen die Fördermittel für Kernenergie, Kohleveredelung, TV-Satelliten, Spacelab und Halbleitertechnologie.
[b]) geplant.
Quelle: Forschungsbericht 1984, a.a.O., S. 31.

---

[1] Bundesbericht Forschung 1984, Deutscher Bundestag, 10. Wahlperiode, Drucksache 10/1543 vom 4. 6. 1984 (im folgenden zitiert als „Forschungsbericht 1984").
[2] Forschungsbericht 1984, a.a.O., S. 13.

Tabelle 2
Indirekte Maßnahmen zur Förderung von Forschung und Entwicklung in der gewerblichen Wirtschaft

Zuständiges Ressort Maßnahme	Fördermittel / Steuermindereinnahmen (Mio. DM)					
	1981	1982	1983	1984	1985[a]	1986[a]
BMWi						
– FuE-Personalkostenzuschuß	359,3	390,0	375,0	320,0	380,0	400,0
BMFT						
– Forschungspersonal-Zuwachsförderung	–	–	–	–	55,0	100,0
– Auftragsforschung und -entwicklung	10,5	13,0	13,1	21,2	41,0	50,0
– Wagnisfinanzierung und technologieorientierte Unternehmensgründungen	3,9	6,0	5,0	12,3	60,0	70,8
– Technologietransfer und Forschungskooperation	1,4	1,3	1,1	0,5	16,2	18,2
Steuerliche Maßnahmen						
– FuE-Investitionszulage (§ 4 InvZulG)[c]	289,0	283,0	278,5	330,3	350,0	370,0
– FuE-Sonderabschreibungen (§ 82 d EStDV)[b] [c]	–	–	150,0	300,0	300,0	300,0
Insgesamt	664,1	693,1	822,7	984,3	1 202,2	1 309,0

[a] Soll.
[b] geschätzt.
[c] Steuermindereinnahmen von Bund, Ländern und Gemeinden.

Quelle: Forschungsbericht 1986, a. a. O., S. 42

Förderung der Bildung von Risikokapital

In ihrem Faktenbericht 1986 zum Bundesbericht Forschung[3] weist die Bundesregierung darauf hin, daß die direkte Forschungsförderung des Bundes 1976 „den Maximalwert des 14,8fachen der indirekten Förderung" erreichte. „Die jetzige Bundesregierung hat im Rahmen der Neuorientierung ihrer Forschungspolitik das Gewicht deutlich hin zu mehr indirekten Maßnahmen verlagert (1984: 1 : 2,8)." Das Ergebnis nimmt sich wie folgt aus, wobei zu bemerken ist, daß zwischenzeitlich eine andere Einteilung der Aufwendungen getroffen wurde:

Die selektive Innovationsförderung — im „Forschungsbericht 1986" wird nunmehr von „Indirekt-spezifischen Maßnahmen" gesprochen — „kommt als Förderinstrument immer dann in Frage, wenn ein staatliches Interesse daran besteht, FuE auf diesen Gebieten breitenwirksam zu verstärken. Indirekt ist die Förderung aus der Sicht der Unternehmen deshalb, weil der Staat keinen Einfluß auf die Inhalte des einzelnen Vorhabens nimmt." Es „wird prinzipiell jedes in das Programm passende Vorhaben gefördert". Und: „Spezifisch ist diese" angebotsseitige „Förderung, weil Vorhaben innerhalb eines bestimmten Technologiebereichs gefördert werden."[4] Die Entwicklung in diesem Sektor der Innovationspolitik gibt Tab. 3 wieder:

Tabelle 3
Indirekt-spezifische Maßnahmen

Maßnahmen	Fördermittel (Mio. DM)				
	1982	1983	1984	1985[a])	1986[a])
Sonderprogramm Mikroelektronik	87,5	151,3	125,6	37,4	–
Fertigungstechnik indirekt-spezifische Maßnahme	–	–	35,5	115,0	125,0
Mikroperipherik indirekt-spezifische Maßnahme	–	–	–	20,0	40,0
Biotechnologie indirekt-spezifische Maßnahme	–	–	–	–	15,0
Insgesamt	87,5	151,3	161,1	172,4	180,0

[a]) Soll-Ansätze.
Quelle: Forschungsbericht 1986, a. a. O., S. 43.

---

[3] Faktenbericht 1986 zum Bundesbericht Forschung, Deutscher Bundestag, 10. Wahlperiode, Drucksache 10/5298 vom 9. 4. 1986 (im folgenden zitiert als „Forschungsbericht 1986"), S. 42.
[4] Forschungsbericht 1986, a. a. O., S. 43.

Nicht unerwähnt bleiben darf in diesem Zusammenhang die nachfrageseitige steuerliche Innovationsförderung durch
— Investitionszulagen im Bereich der Energieerzeugung und -verteilung (§ 4a Inv.ZulG),
— erhöhte Absetzungen für Wirtschaftsgüter, die dem Umweltschutz dienen (§ 7d EStG) und
— Sonderabschreibungen für Energietechnologien (seit 1984) (§ 51 Abs. 1 Nr. 2q EStG).

Die durch Inanspruchnahme dieser Förderungsmaßnahmen bedingten Steuermindereinnahmen von Bund, Ländern und Gemeinden sind von 1981 gleich 270 Mio. DM auf 1075 Mio. DM im Jahr 1986 (geschätzt) gestiegen[5].

Einen Gesamtüberblick über die Struktur der Maßnahmen zur Förderung ziviler Forschung und Entwicklung in der gewerblichen Wirtschaft gibt Tab. 4 wieder. Wenn man auch die indirekt-spezifische Förderung inhaltlich wie hinsichtlich ihrer Wirkungen eher der selektiven, also direkten Förderung zurechnen sollte, wird doch, wie bereits zitiert, „prinzipiell jedes in das Programm passende Vorhaben gefördert", so ist doch der Trend einer Abnahme der direkten Förderung an der Gesamtförderung unverkennbar. Darf man aber erwarten, daß sich dieser Trend fortsetzen wird, ja, sollte man fordern, daß an seinem Ende nur noch ein System indirekter Innovations-Forschungsförderung zu stehen hätte, wobei sich diese Forderung durchaus schlüssig als Gebot der Schaffung eines allgemein innovationsfreundlichen Wirtschafts- (und Gesellschafts-)klimas formulieren ließe, innerhalb dessen Innovationsbereitschaft und Innovationsfähigkeit wieder vollständig in die Hände der Unternehmen gelegt werden? Kantzenbach gab die allgemeine Auffassung zu dieser Frage wohl zutreffend wieder, wenn er darauf hinwies, daß sich im Rahmen einer Befragung im Jahr 1984[6] „bei allen Unterschieden im Detail doch im Grundsätzlichen eine erstaunliche Übereinstimmung abgezeichnet (habe): Innovationen sind demnach zunächst einmal eine unternehmerische Aufgabe. Der Staat solle sie möglichst nur indirekt fördern. Auf eine direkte, selektive Förderung in Ausnahmefällen ganz verzichten wollte aber keiner der Befragten."[7]

Daß ein völliger Verzicht auf direkte Innovationsförderung als nicht unproblematisch angesehen wird, machen folgende Überlegungen deutlich:

Einmal betreibt der Staat als öffentlicher Unternehmer zwangsläufig selektive Förderung in seinen Unternehmensbereichen, die insofern nicht mit den privaten Innovationstätigkeiten gleichzusetzen sind, als ein Teil dieser Unternehmen — etwa die im Transport- und Kommunikationssektor angesiedelten — nicht das Innovationsrisiko trägt, dem sich die privaten Unternehmen ausge-

---

[5] Forschungsbericht 1986, a.a.O., S. 45.
[6] Vgl. „Innovationsförderung durch den Staat?", in: WuW 1984, S. 525.
[7] „Innovationspolitik und Wettbewerbsordnung", in: WuW 1984, S. 941.

setzt sehen. Die Marktwirkungen von innovativen Prozessen in öffentlichen Unternehmen komplizieren sich, wenn diese Unternehmen mit privaten um Nachfrage konkurrieren. Selbst im Falle öffentlicher reiner Angebotsmonopole treten allokationsverzerrende Effekte auf, wenn die innovativ bedingte Beschaffungspolitik bestimmte Lieferanten von soft- oder hardware bevorzugt. Die Beschränkung des Anbieterwettbewerbs scheint eher die Regel als die Ausnahme zu sein.

Weiterhin wird offenbar — unter Innovationsaspekten — das Phänomen des Marktversagens nicht als unbeachtlich angesehen. So heißt es denn auch im „Forschungsbericht 1984", daß eine Mittelvergabe für die direkte Forschungsförderung dann in Betracht komme, „wenn das technisch-wissenschaftliche und wirtschaftliche Risiko hoch ist, der finanzielle Einsatz für die in Frage kommenden Unternehmen zu groß, und auf absehbare Zeit der Markt die neuen technologischen Lösungen nicht von selbst erbringen wird."[8]

Beide Argumentationslinien lassen sich z.B. bei der Projektförderung im Verkehrssektor nachweisen, der als Förderbereich „Forschung und Technologie für bodengebundenen Transport und Verkehr (einschl. Verkehrssicherheit)" im Rahmen der FuE-Ausgaben des BMFT figuriert[9]. Folgende vier Förderschwerpunkte tauchen in diesem Zusammenhang auf[10]:

1. Öffentlicher Personennahverkehr

„Hier geht es um die Entwicklung neuartiger bzw. die Verbesserung bestehender Nahverkehrssysteme, wie z.B. spurgeführte Autobusse, vollautomatische Kabinenbahnen usw. Die Programme laufen bereits seit 1972, ihre Ergebnisse haben in diversen Städten und Gemeinden bereits Anwendung gefunden."

Die Zusammenarbeit zwischen Staat und Privatunternehmen ergab sich hier aus der Tatsache, daß Innovationen im öffentlichen Personennahverkehr einen Bereich berühren, dessen Disposition ohnehin der öffentlichen Hand obliegt, nämlich den der Verkehrsinfrastruktur, und weiterhin die öffentlichen Personennahverkehrsunternehmen betroffen sind. Die Verbesserung der Verkehrsverhältnisse in diesem Sektor verlangt folglich Abstimmungen zwischen dem Staat als Träger der Verkehrsinfrastruktur, öffentlichen Unternehmen und den privaten Fahrzeugherstellern, die man nicht glaubte, dem Markt überlassen zu können.

---

[8] Forschungsbericht 1984, a.a.O., S. 28f.

[9] Forschungsbericht 1986, a.a.O., S. 28. — Die Ausgaben beliefen sich auf 247,6 Mio. DM 1983, 217,0 Mio. DM 1984, 188,3 Mio. DM 1985 (Soll) und 190,4 Mio. DM 1986 (Reg. Entw.).

[10] F. *Billand*, Die Förderung des technischen Fortschritts unter besonderer Berücksichtigung kleiner und mittlerer Unternehmen, in: Innovation im Verkehr, Beiträge aus dem Institut für Verkehrswissenschaft an der Universität Münster, hrsg. v. H. St. Seidenfus, Heft 104, Göttingen 1985, S. 208f. passim.

Tabelle 4

Gesamtübersicht über die indirekten und direkten Fördermaßnahmen des Bundes zur Förderung ziviler Forschung und Entwicklung in der gewerblichen Wirtschaft (in Mio. DM)

Jahr	Indirekte Förderung							Summe indirekte u. ind.-spez. Förderung (Sp. 6 u. 7)	Direkte Förder. durch den Bund (BMFT)	Summe FuE-Förderung Wirtschaft (Sp. 8 u. 9)	Verhältnis indirekte zu direkte Förderung (Sp. 8 zu 9)
	Sonderabschreibungen §82 d EStDV[a]) für FuE Investitionen	Zulage nach §4 Inv-ZulG[a])	FuE-Personalkostenzuschuß	Förderung d. Wissens- u. Technologietransfers[b]	Wagnisfinanzierung technologieorient. Unternehmensgründungen	Zwischensumme	ind.-spez. Förderung				
	1	2	3	4	5	6	7	8	9	10	11
1974	220	133	–	–	–	353	–	353	1 675 (1 284)	2 028	1 : 4,7
1975	–	149	–	–	–	149	–	149	1 886 (1 501)	2 035	1 : 12,6
1976	–	106	–	–	–	106	–	106	1 574 (1 273)	1 680	1 : 14,8
1977	–	153	–	–	1	154	–	154	1 660 (1 443)	1 814	1 : 10,8

Förderung der Bildung von Risikokapital

Jahr									
1978	–	–	138	–	1	2	141	–	141	1962 (1670)	2103	1 : 13,9
1979[c]	–	–	169	300	6	4	479	–	476	2598 (2152)	3074	1 : 5,5
1980	–	–	191	355	9	11	566	–	566	2746 (2163)	3312	1 : 4,9
1981	–	–	289	359	12	4	664	–	664	2902 (2307)	3566	1 : 4,4
1982	–	–	283	390	14	6	693	88	781	3676 (3133)	4457	1 : 4,7
1983	150	279	375	14	5	823	151	974	2926 (2471)	3900	1 : 3,0
1984	300	330	320	22	12	984	161	1145	2910 (2408)	4055	1 : 2,5

[a] Steuermindereinnahmen von Bund, Ländern und Gemeinden.
[b] Förderung der Auftragsforschung und -entwicklung und des Technologietransfers.
[c] Additionsfehler in Originalquelle.

Quelle: Forschungsbericht 1986, a. a. O., S. 51.

2. Kraftfahrzeug und Straßenverkehr

„Unter der Prämisse, daß der Individualverkehr weiter an Attraktivität gewinnt, fördert die Bundesregierung die Forschungsanstrengungen der Kraftfahrzeugindustrie zur Entwicklung von Automobilen, die gleichzeitig den gestiegenen Anforderungen an erhöhte Sicherheit, reduzierte Umweltbelastung und geringeren Energieverbrauch genügen. Nach ihrer Auffassung hat das Projekt ‚Forschungs-PKW' den Beweis dafür geliefert, daß diese Optimierungsaufgabe zu lösen ist."

Obwohl nach reduzierter Umweltbelastung keine private Nachfrage besteht, lassen sich durch steuerliche Be- und Entlastungen gewisse Anreize etwa zur Einführung des Katalysators erzielen. Dasselbe gilt für die Entwicklung verläßlicherer Bremssysteme (z. B. ABS) und energiesparsamerer Antriebsaggregate, die als Werbefaktoren der Fahrzeughersteller angesehen werden können. Es ist also durchaus vorstellbar, daß diese „Optimierungsaufgabe" bei entsprechendem Konkurrenzverhalten von der privaten Wirtschaft auch ohne Innovationsförderung zu lösen wäre. Allerdings taucht in diesem Zusammenhang das Problem der internationalen Verflechtung auf, das angesichts der hohen Exportabhängigkeit der deutschen Kraftfahrzeugindustrie bei national divergierenden Umwelt- und Energieverbrauchsstandards schnelle Anpassungen aufgrund entsprechender innovativer Anstrengungen behindern kann. Auch hier glaubte man, den Marktkräften allein nicht vertrauen zu können.

3. Fernverkehr-Bahnsysteme

„Neben der Weiterentwicklung von Fahrzeugen und Anlagen, die von der Deutschen Bundesbahn in weitgehend eigener Regie wahrgenommen wird, soll im Förderprogramm Rad-Schiene-Technik das Entwicklungspotential des Verkehrsträgers Eisenbahn erforscht werden. Hierzu zählt der Bau des Hochgeschwindigkeitsfahrzeugs *Intercity-E,* sowie die Förderung eines Langzeitversuchs mit der Magnetschwebebahn *Transrapid.*"

Diese Forschungsförderung ist deshalb von Interesse, weil mit ihr eine FuE-Kooperation mehrerer privater Hersteller verbunden ist. Die Zusammenarbeit mehrerer Unternehmen in Forschungs- und Entwicklungsgemeinschaften ist deshalb umstritten, weil nicht ohne weiteres auszumachen ist, ob die angestrebten Innovationen nicht auch von mehreren Unternehmen im Wettbewerb angeboten werden könnten. Kantzenbach weist darauf mit wünschenswerter Klarheit hin, wenn er sagt, daß für die „Entwicklung der Wirtschaft insgesamt" der „Wettbewerb um neuer Technologien der viel wichtigere ist als der Wettbewerb, der Preise auf die bestehenden Kosten senkt", und er meint deshalb, „daß zwar Forschungskooperation und Gemeinschaftsunternehmen auf dem Gebiet der Forschung in bestimmten Fällen notwendig sein mögen, daß sie aber einen ambivalenten Charakter haben und daß sie auch viel gefährlicher sind als das perfekteste Preiskartell: Wenn sie nämlich dazu führen, daß schon im Entstehungsstadium neue Technologien alternative technologische Linien, die miteinander konkurrieren könnten, vergemeinschaftet werden, und dann nur noch eine zur Reife kommt"[11]. In jedem Falle bleibt zu bemängeln, daß es sich hierbei um Forschung ohne Risiko der Vermarktungsmöglichkeit handelt[12].

4. Güterverkehr und Transportketten

„Mit staatlich geförderten Maßnahmen in diesem Bereich sollen die innovativen Kräfte des vorwiegend klein- und mittelständisch strukturierten Transportgewerbes und seiner Zulieferindustrie erhalten und gestärkt werden[13]. Die einzelnen Vorhaben zielen in Anlehnung an den Systemgedanken auf eine Optimierung von Transportketten: Güterverteilzentren ... entlasten die Schnittstelle zwischen Nah- und Fernverkehr; ein neuartiges Transportsystem vereinfacht den kombinierten Verkehr der DB außerhalb ihrer Hauptmagistralen. Ferner wurde speziell für mittelständische Verkehrsunternehmen ein warenbegleitendes Informationssystem entwickelt."

Kleine und mittlere Unternehmen, unter denen in der Regel Unternehmen mit weniger als 500 Beschäftigten verstanden werden, stellen in verstärktem Umfang einen Bereich direkter Forschungsförderung dar. Die Förderungsbeträge, die das BMFT und das BMWi für diese Unternehmensgruppe zur Verfügung gestellt haben, sind denn auch von 715 Mio. DM im Jahr 1981 auf 1 017 Mio. DM im Jahr 1986 (Soll) angestiegen, wovon 1986 etwa die Hälfte der Summe Zuschüsse zu den Personalaufwendungen betraf[14]. Aufgrund der „internen Sondersituation" der kleinen und mittleren Unternehmen wird ein staatlicher Handlungsbedarf insbes. in den Bereichen Personal, Technologie und finanzielle Mittel gesehen.

Ein erstes Problem entsteht offensichtlich dadurch, daß diese Unternehmen oftmals nicht in der Lage sind, eine „hinreichende Zahl gut ausgebildeter Forscher und Entwickler" entweder selbst fortzubilden oder einzustellen.

Eine zweite Schwäche scheint bei diesen Unternehmen hinsichtlich der „rechtzeitige(n), rasche(n) Adaption neuer Technologien" gegeben zu sein. „Trotz meist sehr hoher Flexibilität sind sie in den dafür zur Verfügung stehenden Mitteln den großen Unternehmen unterlegen.... Kleine und mittlere Unternehmen beschränken deshalb oft FuE auf eine kleine Kernmannschaft und kaufen benötigte Spezialinformationen extern ein."

---

[11] *Kantzenbach*, a.a.O., S. 952.

[12] Ein oft zitiertes Beispiel ist das von einem privaten Hersteller mit einem beträchtlichen Aufwand entwickelte Integrierte Transport System für die Deutsche Bundesbahn, das nicht realisiert werden konnte. Es ist die Frage, ob solche Fehlplanungen und -investitionen sich bei Übernahme des Vermarktungsrisikos nicht mindern ließen.

[13] Forschungsbericht 1984, S. 113, zit. bei Billand, a.a.O., S. 209.

[14] Forschungsbericht 1986, S. 72 und 54 passim.

Finanzierungsprobleme schließlich „entstehen für kleine und mittlere Unternehmen erfahrungsgemäß dann, wenn das haftende Kapital nicht ausreicht und das mit den Innovationen verbundene erhöhte Risiko die Aufnahme benötigter Finanzierungsmittel nicht oder nur unter schwierigen Bedingungen ermöglicht". So waren denn kleine Unternehmen in vielen Fällen gezwungen, „Innovationsprojekte aufgrund von Finanzierungsschwierigkeiten zeitlich (zu) strecken".

Die Förderungsprogramme des Bundes setzten entsprechend in den Bereichen „Stärkung der personellen Basis für FuE", „Förderung der raschen Nutzung wichtiger technologischer Neuerungen", „Intensivierung der Forschungskooperation und des Technologietransfers" sowie „Bereitstellung von mehr Risikokapital" ein. Insofern man nun der Meinung sein kann, daß die beiden an erster Stelle genannten unternehmerischen Entscheidungsbereiche wesentlich von Finanzierungsmöglichkeiten bestimmt werden, „Forschungskooperation" letztlich von der staatlich kaum beeinflußbaren Kooperationswilligkeit der Unternehmer abhängt und „Technologietransfer" bestenfalls Informationsprobleme aufwirft, an sich jedoch dem Markt überlassen bleiben sollte, dürfte die Venture-Finanzierung den eigentlichen marktadäquaten Ansatzpunkt öffentlicher Innovationsförderung darstellen.

Die Kapitalfunktionen „längerfristige Verfügbarkeit" und „Risikobereitschaft" werden bekanntlich am ehesten durch das Eigenkapital gewährleistet. Im Lichte dieser Erfahrung ist kritisch zu vermerken, daß die Eigenkapitalquote nach Erhebungen der Deutschen Bundesbank seit der Mitte der sechziger Jahre in einem kontinuierlichen Rückgang begriffen ist, wobei die durchschnittliche Quotenreduktion bei Unternehmen mit einem Jahresumsatz bis 50 Mio. DM von über dreißig auf unter zwanzig Prozent[15] besonders auffällt. Bei der Ursachenanalyse vermerkt Billand: „Zentrale Bedeutung dürfte dem Umstand zukommen, daß es im Verlauf der 70er Jahre immer schwieriger wurde, mit Realkapitalinvestitionen die auf den Finanzierungsmärkten zu verdienenden Renditen zu erzielen."[16] Hinter dieser Entwicklung stehen bekannte und oft diskutierte Phänomene wie crowding-out-Effekte öffentlicher Kapitalbeschaffung, Preisschübe auf der Kostenseite der Unternehmen, die Struktur der Unternehmensbesteuerung, welche u. a. die Eigenfinanzierung von Realinvestitionen aus thesaurierten Gewinnen zu einer kostspieligen Kapitalbildungsquelle macht usw. usf. Da es nicht in die Zuständigkeit der öffentlichen Innovationspolitik fällt, entsprechende Abhilfe zu schaffen, stehen Maßnahmen zur Öffnung dieser Schranken der Risikokapitalbildung via Verstärkung der Eigenkapitalbasis hier nicht zur Diskussion. Auch die Vorschläge und Absichten der „angebotsorientierten Wirtschaftspolitik" bleiben außer Betracht, womit ihre Relevanz für die Schaffung eines innovationsfreundlichen Klimas, wie bereits bemerkt, nicht gering bewertet wird; gerade die „Entbürokratisierung des

---
[15] Deutsche Bundesbank, versch. Monatsberichte.
[16] *Billand*, a.a.O., S. 213.

Wettbewerbs" dürfte für die Forschungs- und Technologiepolitik von nicht zu unterschätzender Bedeutung sein, wenn man die „Mittelstandsfeindlichkeit der staatlichen Auflagen"[17] in diesem Politiksektor bedenkt.

Die Überlegungen zur Bildung von Risikokapital beziehen sich in diesem Zusammenhang vielmehr auf Quellen der Eigenkapitalbildung über die Beteiligungs- bzw. Einlagenfinanzierung (Außenfinanzierung). Daß sich das Hauptaugenmerk auf die Verstärkung der Eigenkapitalbasis richtet, erklärt sich schließlich aus der Tatsache, daß der Einsatz von (zusätzlichem) langfristigem Fremdkapital zur Finanzierung von Inventionen und Innovationen bei kleineren und mittleren Unternehmen erfahrungsgemäß auf frühe Grenzen stößt. Hennigs weist in diesem Zusammenhang auf die Kreditmodalitäten der Geschäftsbanken hin: „Denn eine unter Zugrundelegung der üblicherweise herangezogenen Bilanzrelationen und Bewertungsanforderungen getroffene Entscheidung würde wohl in einer Vielzahl der Fälle eher negativ ausfallen, weil innovative kleine und mittlere Unternehmen häufig, selbst wenn sie vor Aufnahme des Prozesses eine ‚solide' Kapitalstruktur hatten, einen großen Teil ‚Substanz' aufgezehrt haben dürften. Hinzu kommt, daß auch das leistungswirtschaftliche Risiko bei einem Unternehmen mit einem noch nicht erfolgreich abgeschlossenen Innovationsprojekt regelmäßig höher sein wird als bei einem ansonsten vergleichbaren Unternehmen mit einem bewährten Produktions- und Absatzprogramm."[18] Auch der „Forschungsbericht 1986"[19] befaßt sich demzufolge hinsichtlich der Tatsache, daß „rasch wachsende junge Unternehmen ... in der Phase der Markteinführung zur Finanzierung der hohen Investitionen überdurchschnittlich viel Kapital" brauchen, nicht mit der Frage der Beschaffung von Fremdkapital. „Wegen der mit der Produktion und Vermarktung innovativer Produkte verbundenen hohen Risiken ist für derartige Unternehmen die Ausstattung mit haftendem Eigenkapital, das die Risiken von Innovationen abdeckt, notwendig. Ein sofortiger Gang an die Börse kommt wegen der hohen Markteinführungsrisiken zumeist nicht in Betracht. Wesentlich ist hier die Bereitstellung von Risikokapital durch Kapitalbeteiligungsgesellschaften bzw. durch Venture-Capital-Fonds."

Nun beginnt das Problem der Risikokapitalbeschaffung nicht erst bei schon bestehenden, innovationsbereiten Unternehmen. Es stellt sich bereits bei auf technologisch neuen Produkten aufbauenden Unternehmensgründungen, die häufig daran scheitern, „daß bei der Erstellung des Unternehmenskonzepts und

---

[17] *Billand*, a.a.O., S. 219.
[18] R. *Hennigs*, Entwicklung und Deckung des Kapitalbedarfs kleiner und mittlerer Unternehmen im Innovationsprozeß, Veröffentlichungen des Instituts für Bankwirtschaft und Bankrecht an der Universität zu Köln, hrsg. v. H. E. Büschgen, Bd. 31, Frankfurt/M. 1983, S. 292. — Auch der Sachverständigenrat hatte in seinem Jahresgutachten 1981/82 — BT-Drucksache 9/1061 v. 20.11.1981, TZ 86 — auf die Folgen des Mangels an (eigenem) Risikokapital bei sog. mittelständischen Unternehmen hingewiesen.
[19] a.a.O., S. 69 passim.

bis zum Abschluß der Produktentwicklung Finanzierungsengpässe entstehen, weil unsicher ist, ob überhaupt ein marktreifes Produkt machbar ist. Hinzu kommt, daß vorhandenes Risikokapital bevorzugt in Unternehmen fließt, die bereits ein fertiges Produkt haben und zur Erweiterung der Fertigung und des Vertriebs Eigenkapital brauchen". Seit 1983 läuft deshalb ein Versuch des BMFT, die Gründung technologieorientierter Unternehmen (TOU) zu fördern, der in drei Phasen abläuft:

— Zuwendungen für Arbeiten zur Erstellung beurteilungsreifer Konzepte für Innovationsvorhaben,

— Zuwendungen für Forschungs- und Entwicklungsarbeiten und

— Absicherung von Bankkrediten zur Finanzierung der Ausgaben für Produktionsanlagen und Markteinführung durch einzelfallbezogene Risikobeteiligungen.

Der Stand dieser Förderung technologieorientierter Unternehmensgründungen am 31. 12. 1985 nahm sich wie folgt aus[20]:

Tabelle 5
Modellversuch
Technologieorientierte Unternehmensgründungen
— Bewilligungen Stand 31. 12. 1985 —

Phase I		Phase II				Phase III	
Zuwendungen		Zuwendungen		Bürgschaften		Bürgschaften	
Zahl	TDM	Zahl	TDM	Zahl	TDM	Zahl	TDM
221	7 384	119	73 901	9	920	13	6 012

Quelle: BMFT.

Im „Forschungsbericht 1986" wird mitgeteilt, daß am 31. 12. 1985 ca. 250 technologieorientierte Unternehmen auf diese Weise gefördert wurden. Dennoch kommt der Bericht zu dem Ergebnis: Die Venture-Finanzierung steht in Deutschland bezüglich Zahl und Umfang der eingegangenen Beteiligungen an hochinnovativen Unternehmen im Vergleich zur Entwicklung in den USA und Großbritannien noch am Anfang. „An dieser Feststellung ändert die Tatsache nichts, daß 1985 in der Bundesrepublik Deutschland rd. 30 private Venture-Capital-Firmen tätig waren, die über insgesamt rd. 700 Mio. DM Wagniskapital verfügten."

Die Venture-Capital-Philosophie ist in den USA entwickelt worden. Anstoß hierzu gab die Tatsache, daß auf der einen Seite genügend risikobereites Kapital

---

[20] Forschungsbericht 1986, S. 69 passim.

vorhanden ist, auf der anderen Seite jedoch eine beträchtliche ungedeckte Nachfrage nach Risikokapital besteht.

Die Situation in der Bundesrepublik Deutschland stellt sich ähnlich dar, ist doch das Geldvermögen der privaten Haushalte von 1960 bis 1982 um mehr als das Vierzehnfache gestiegen, wogegen das in Aktienform gehaltene Vermögen sich nur etwa verdoppelt hat[21]. Die Konjunktur der Abschreibungsgesellschaften, der run auf Aktien aus Kapitalerhöhungen, aber auch auf Aktien neu eingeführter Unternehmen weisen dagegen auf die Risikobereitschaft der Anleger hin. Daß die risikokapitalsuchenden, kleinen und mittleren Unternehmen davon nicht profitieren, liegt nicht nur an ihrer mangelnden Erfahrung im Umgang mit dem Finanzierungsinstrument Aktie, sondern auch an den Auflagen (Publizitätspflichten) und Kosten, die mit dem Gang zur Börse verbunden sind[22]. Da ein „zweiter Aktienmarkt" mit weniger restriktiven Zulassungsvoraussetzungen nicht in Sicht, sicherlich aber auch wegen der Haftungsfragen nicht unproblematisch ist, gewinnen die bis 1982 in der Bundesrepublik Deutschland praktisch unbekannten Venture-Capital-Fonds[23] für die Bildung von Risikokapital besonderes Interesse.

Folgende Vorteile läßt dieser Weg der Kapitalbeschaffung erkennen[24]:

1. Der Fonds ist ausschließlich an den Bedürfnissen kleiner und mittlerer Unternehmen orientiert. Er dient als Kapitalsammelstelle, die den Anlegern die gleichen Sicherheiten bietet wie die an der Börse notierten Aktiengesellschaften.

2. Die Mittelvergabe erfolgt langfristig, Verluste in der Anlaufphase des Innovationsprozesses sind von vornherein zugestanden.

3. Der Fonds fungiert nicht nur als Finanzier, er steht dem innovierenden Unternehmen mit Hilfe eines qualifizierten und spezialisierten Beraterstabs zur Seite, um das Innovationsrisiko begrenzen zu helfen.

„Insbesondere die vergleichsweise höhere Risikobereitschaft und die Beratungsfunktion machen die Venture-Capital-Fonds zu einem neuartigen und zukunftsträchtigen Finanzierungsinstrument. Sie können dazu beitragen, das Beratungsdefizit abzubauen, das ... als Innovationshemmnis" in kleinen und mittleren Unternehmen anzusehen ist.

Daß Venture-Capital-Fonds es nicht überflüssig machen, die Bildung von Risikokapital auch auf anderen Wegen zu fördern, die freilich nicht in die engere Zuständigkeit der Innovationspolitik fallen, ist bereits gesagt. Auch der Wegfall

---

[21] Jahresgutachten des Sachverständigenrats 1983/84, a.a.O., S. 238ff.

[22] Inwieweit ein mittelbarer Zugang zu diesen Risikokapitalmärkten über Unternehmensbeteiligungsgesellschaften diesen Mangel heilen könnte, steht dahin.

[23] Eine Ausnahme stellt die Deutsche Wagnisfinanzierungsgesellschaft mbH dar, die 1975 vom deutschen Bankengewerbe gegründet wurde.

[24] Vgl. zum folgenden u.a. Billand, a.a.O., S. 221.

der Doppelbesteuerung der Erträge der Wagnisgesellschaften könnte sich in diesem Zusammenhang als hilfreich erweisen.[25] Insgesamt ist jedoch festzuhalten, was von unternehmerischer Seite mit wünschenswerter Deutlichkeit so formuliert wurde: „Innovationen und Investitionen sind primär unternehmerische Aufgaben; Innovationen entziehen sich der Planbarkeit, d.h. nicht der Staat, sondern der Markt soll über die Richtung von Innovationen entscheiden, und das erfordert natürlich automatisch die Hinwendung zu indirekten Forschungsförderungen und weg von der direkten Forschungsförderung, in der ja ein Großteil Dirigismus und Planifikation eingebaut ist."[26]

Die Förderung der Bildung von (haftendem) Risikokapital stellt das notwendige Komplement einer konsequenten Fortentwicklung öffentlicher Innovationspolitik dar, die ihre Hauptaufgabe in der indirekten Forschungsförderung sieht.

---

[25] Auf diese von der Forschungs- und Technologiepolitik nicht zu überwindenden Innovationsbarrieren wird auch im ifo schnelldienst, 1/2, 1987, S. 28 nachdrücklich hingewiesen.

[26] Innovationspolitik und Wettbewerbsordnung, a.a.O., S. 946f.

Printed by Libri Plureos GmbH
in Hamburg, Germany